벤처비즈니스

마키노 노보루 / 강 동 우 지음
유 세 준 옮김

韓國經濟新聞社

역자 서문

지난 한 세기를 통해 태평양 지역은 미국의 수출시장을 배경으로 눈부신 경제발전을 이룩하였다. 그리고 이러한 성장은 세계의 주목을 끌기에 충분했다. 특히 그 중에서도 한국, 일본 등의 선두주자는 괄목할 만한 경제성장을 달성하였다. 그러나 최근 21세기를 목전에 둔 두 나라는 일본을 선두로 지금까지 경험해 보지 못한 불황을 겪고 있다.

우리들이 이미 잘 알고 있는 것처럼 불황에 가장 민감한 것은 기업일 것이다. 최근의 기업 현황을 보면, 경기의 척도라고 할 수 있는 기업수익률이 급격히 떨어지고 있다. 그런데 안타깝게도 우리의 기업들은 일본기업과 마찬가지로 「명예퇴직」이나 「정리해고」와 같은 소극적인 경영전략으로 불황을 극복하려 하고 있다.

이러한 시점에서 이 책은 아주 적절한 시기에 출판되어 그 의미가 깊다고 생각된다. 그 동안 우리나라에도 대기업을 중심으로 한 경영전략이 조금씩 흔들리고 있는 징후가 나타나기 시작했다. 즉

코끼리보다는 바퀴벌레가 적자생존에 강하다는 사실이 점점 상식화되고 있는 것이다.

최근 미국과 일본을 중심으로 벤처 비즈니스 붐이 거세게 일어나고 있다. 그리고 미국의 마이크로소프트사나 일본의 소프트뱅크사 등 성공한 벤처 비즈니스는 불안한 우리 경제에 새로운 희망과 신선한 자극제가 될 것이다.

특히 이 책은 불투명한 미래경제를 염려하는 기업 경영자들에게 새로운 가능성을 제시함과 동시에 신시대의 비즈니스 방향을 구체적으로 제시하고 있다. 따라서 역자는 이 책을 지금까지 가지고 있었던 사고의 틀을 깨고 또 신선한 자극을 주는, 설득력 있고 박력 있는 비즈니스의 미래서라고 말하고 싶다.

이제 우리는 벤처 비즈니스의 「봄」이 아닌 「붐」을 본격적으로 맞이해야 할 것이다. 최근에 우리 경제는 정보화 산업에 열을 올리고 있지만 뒤늦은 감도 없지 않다. 그러나 21세기의 새로운 기업형태인 「벤처 비즈니스」에서만은 한국기업이 앞서가길 바란다.

지금은 산업의 변혁기에 슬기롭게 대처할 수 있는 경영자의 결단이 무엇보다 절실히 요구되는 시기다. 오늘의 경기 처방에 대한 힌트를 제시하고 있는 미래서의 일독을 권하는 바이다.

1996년 10월

유 세 준

벤처 비즈니스의 약진

마키노 노보루

일본 경제는 이미 성숙단계에 와 있어 앞으로 높은 성장률을 기대하기 어려운 상태이다. 특히 대기업들이 정체상태에 빠져 있어 앞으로 쇠퇴가 예상된다.

통산성(通産省)도 산업의 최근 경향에 대해 후지산형에서 산맥형으로 산업 구조가 이행되고 있다고 말한다. 한두 개의 거대기업이 계열회사를 통해 한 나라의 경제를 좌지우지하던 시대는 지났고, 많은 중소규모의 우량기업들이 산업에 활력을 불러일으키는 시대로 바뀌고 있다는 것이다.

최근의 우량기업에 관한 평가 리스트를 보면 대기업의 쇠락과 중견·중소기업의 약진이 눈에 띈다. 또한 일본기업의 앞날을 상징하는 말로 「벤처 비즈니스」와 「멀티미디어」가 회자되고 있다. 전자는 새로운 산업 기회에 도전하는 중소기업에의 기대가 그만큼 크다는 것이다. 후자는 정보화 사회의 진전이 가져올 비즈니스의 확대를 예측하는 것이다.

이 책은 동시대의 화두인 「벤처 비즈니스」에 대한 세계 여러 나라 기업의 활발한 활동을 소개한 것이다. 공저자인 강동우 선생은 미국, 일본, 그리고 한국의 신규사업과 신제품에 정통한 컨설턴트이다. MIT에서 전자관계기술을, 하버드 비즈니스 스쿨에서 MBA를 취득한 인재이다. 그와의 대담을 통해 기업경영의 새로운 실태에 관해 많은 도움을 얻기도 했다.

매년 한국을 방문하면서 한국 산업의 성장과정을 흥미롭게 지켜보고 있다. 머지않아 한국도 기존 대기업들은 정체기를 맞고, 벤처형 중소기업들의 성장에서 경제의 활로를 발견할 때가 오리라고 생각한다. 이 책이 그럴 때에 도움이 된다면 기쁘겠다.

한국의 벤처 비즈니스 가능성

강 동 우

종래 한국이나 일본에서는 모두 「큰 나무가 그늘도 넓다」라는 식으로 조직은 클수록 좋다고 인식했었다. 그러나 창조성을 육성하고 격변하는 환경에 대응하기 위해서는 「작은 조직」이 필요하다는 생각이 점차 공감대를 넓혀가고 있다. 이른바 벤처적 발상력과 행동력이 요구되고 있는 것이다.

우리나라의 국민성은 분명히 일본보다 벤처 비즈니스에 적합하다. 우선 결단이 빠르다. 속전속결은 일본식 비즈니스의 약점이라고 하는데, 우리는 오히려 여기에 강한 특성이 있다. 리스크(risk)에 대한 자세도 더 긍정적이다.

이와 관련해서 미국 캘리포니아에 살았을 때 들은 농담이 하나 있다. 도박에 대한 한·일 간의 차이다. 라스베이거스에 도박하러 간 일본인은 잃어도 반드시 돌아올 차비는 남겨둔다고 한다. 반면 한국인은 끝까지 도박을 한다. 경우에 따라서는 빈털터리가 되어 식당 설거지를 해 차비를 마련해서 돌아오는 사람도 있을 정도라고 한다.

벤처기업은 왜 필요한가? 일본은 세계유수의 경제대국이다. 그러나 실상을 자세히 들여다보면 막대한 무역흑자가 대부분 몇 가지 제품에서 이루어지고 있음을 알 수 있다. 게다가 그런 종류의 상품은 벌써 성숙기에 접어들고 있어 앞으로의 성장을 기대하기가 어려운 게 사실이다.

우리나라도 이와 크게 다르지 않다. 예컨대 작년에 한국의 어떤 재벌은 이익의 반 이상을 반도체 한 품목에서 얻었다. 반대로 올해 반도체 경기가 불황에 빠지자, 감량경영에 나서는 등 반도체 하나로 희비가 엇갈리고 있다.

이처럼 한두 품목에 의존하는 산업구조는 바람직하지 않을뿐더러 위험하기까지 하다. 따라서 다양화하는 시장 수요에 대응하고 첨단기술을 개발하기 위해서는 창조성을 지닌, 변화에 유연한 벤처기업이 요구된다.

기질적으로 보아 우리나라가 일본보다 벤처 비즈니스에 더 적합한데도 벤처기업은 왜 육성되지 않을까? 간단히 말하면 환경에 문제가 있다. 한국인은 일본인보다 개인의 주장이 강하나, 교육 제도는 일본과 비슷해 창조적인 기질이 제대로 발휘되지 않고 있다. 또 일본과는 달리 박사학위를 중시해 실용적인 발명이 상대적으로 부진한 것도 문제다.

동시에 질의 문제가 있다. 1995년 서울 KOEX에서 열린 우수발명전에 가본 적이 있다. 그 중에는 뛰어난 발명품도 있었다. 그러나 가장 놀란 것은 그 며칠 전 명동 길가에서 본 상인이 당당히 그 발명전에서도 상품을 팔고 있었다는 것이다. 어떤 사연이 있는지도 몰라도 납득이 잘 안 가는 대목이다.

벤처 비즈니스 육성을 장려하는 제도도 필요하다. 예를 들면 대기업에 근무하고 있는 우수한 인재를 안정된 직장으로부터 불안정한 벤처기업에 데리고 올 때의 스톡 옵션—— 최근 한국에서도 논의되기 시작했다—— 같은 제도이다. 또 투자가가 벤처기업에 쉽게 투자하려면 벤처기업들이 짧은 기한 내에 상장될 수 있도록 배려하는 제도적 방안이 필요하다.

벤처기업이 육성되는, 참된 민주주의 경제를 구현하려면 일본처럼 과감한 규제완화를 실시해야 한다. 또한 한국 공정거래위원회의 간부가 수뢰혐의로 구속된 사실을 보더라도 관료들의 윤리의식도 점검받을 필요가 있다.

이 책의 공저자인 마키노 노보루(牧野昇)는 일본을 대표하는 오피니언 리더(opinion leader)로서 우리나라에서도 다방면의 인사들과 폭넓은 교류를 해오고 있으며, 저서·강연 등을 통해 국내 독자들에게도 널리 알려져 있다. 그는 전후 일본경제를 이끌어왔고, 지금도 그의 의견과 제언은 정부와 민간 양쪽에서 주목을 받고 있다.

유감스러운 일이지만, 20세기 아시아 각국은 서양의 이노베이션 혜택을 일방적으로 받기만 했다. 21세기에는 아시아의 나라들도 세계 경제에 새로운 아이디어나 상품을 소개해 리더십을 발휘하지 않으면 안 된다. 그러기 의해서는 벤처기업의 육성이 불가피하다고 생각한다. 한국도 분발하기를 기대해 마지않는다.

새로운 시대의 숨결

요즘 「벤처 비즈니스 붐」이 일면서 미국과 일본에서도 벤처 비즈니스 성공담들이 계속 부각되고 있다. 미국의 마이크로소프트사나 일본의 소프트뱅크사 등, 벤처 기업가들의 화려한 등장은 경직되고 얼어붙었던 일본 경제를 타파해주는 한 줄기 빛이며 자신을 잃은 채 살아가고 있는 경영자들에게 자극제가 될 것이다.

이 책은 장래가 불투명하다고 생각하는 경영자에게 새로운 가능성을 제시하고 새로운 시대의 숨결을 전해줌으로써 그들을 격려해주고자 마련된 것이다.

생각해보자. 일본 경제는 최근 4년 간 0%대 성장의 추이를 보였지만, 그 이전의 5년 간은 4%대에 달하는 실로 높은 수준을 유지해왔다. 그것을 잊어버리고 거품 붕괴 후 조정기간인 최근 4년만 보고 속단한 나머지 전전긍긍하는 것은 나무만을 보고 숲을 보지 못하는 것과 같이, 대우 불합리한 평가를 내리고 있는 셈이다.

일본 경제의 최근 10년 간 경제성장률은 거품기와 조정기를 평균할 때 2.5% 상회하고 있어서 선진국 중에서는 결코 부끄럽지 않은 우등생 축에 끼인다. 발전도상국은 원래 경제 규모가 작기 때문에 조금만 분발해도 성장률은 높아진다. 그러나 세계 제2위의 국민총생산(GNP)을 자랑하는 일본이 10년 간 평균 2.5%의 경제성장을 이루었다는 것은 실로 엄청난 일이라 할 수 있다.

일본 경제는 앞으로도 이 수준을 유지할 것임에 틀림없다. 국내총생산(GDP) 측면에서 보면 약 500조 엔이므로, 평균 2.5%의 경제성장률에 해당하는 연간 명목시장 증가는 약 12조 엔이다. 「이자나기 경기(1960년대의 경제 붐)」 때의 성장률은 10%였지만 GDP는 80조 엔이었기 때문에 연간 8조 엔이 증가했었다. 명목시장확대의 속도가 호경기 때보다 빠른 셈이다. 강은 커지게 되면 완만하게 흐른다. 1980년대 10년 간 EC의 경제성장률은 2%였다.

그럼에도 불구하고 자산을 잃은 기업이나 경영자가 눈에 띄기 시작하는 것은 도대체 왜일까? 『경영자여, 분발하라!』 하고 어깨를 두드리고 싶은 심정이다. 성숙 산업은 정체되어 가지만, 새로운 성장분야가 새롭게 탄생하고 있다.

산업구조가 변했다는 것은 확실하다. 예전의 주도 산업들은 점차 그 위치에서 물러나고 있다. 전후에는 석탄·석유, 그 이후에는 철강·중화학, 그리고 자동차·가전이 선두산업이 되었다. 그러나 지금은 이들 산업도 정체징후가 농후하다.

다음은 무엇인가? 통산성 보고서에도 씌여 있는 것처럼 산업 구조가 후지산형에서 북알프스형으로 이행하고 있다. 즉 돌출되어 우뚝 솟은 산업이 없어지는 것이다. 그 대신 봉우리들이 나란히 서 있는 것처럼 「알맞은 규모의 산업」들이 나란히 선 구조가 되고 있다. 다양한 중소·중견기업이 배출되어 서로 경쟁하는 산업구조로 전환하기 시작한 것이다.

다음으로 기대되는 것은 무엇인가? 먼저 「정보산업」이다. 이는 자동차처럼 시장성이 넓진 않다. 그러나 경쟁력 있는 소규모 기업이 많이 생겨나고 있다. 그 밖에 부품 산업(전자·기계부품 등), 의료 및 신소재 산업(약품, 뉴세라믹 등)이 군웅할거하게 될 것이다.

이러한 의미에서 현재는 새로운 기업가(起業家)가 폭을 넓혀가는 시대이다. 경제잡지나 신문이 발표하는 「우량기업 순위」 상위에서 대기업이 모습을 감춘 것이 그 단적인 현상이다. 대규모 종합화학 제조회사 대신 약품, 특수화학품, 의료 및 신소재 업종이 주가를 올리고 있고, 대형 컴퓨터 회사 대신 개인용 컴퓨터회사가 주역의 위치를 점하기 시작했다.

새로운 형태의 기업가가 야망을 불태우는 시대가 시작된 것이다.

학생 기업가의 의욕이 높은 것도 주목되고 있다. 다음과 같은 기사가 〈산케이신문(産經新聞)〉 1996년 1월9일자에 실렸다.

학생들의 「기업(起業)」 의욕이 높아지고 있다. 학생을 대상으로 하는 「기업 세미나」는 전국 어느 장소에서든 만원이다. 이미 정보 처리회사를 설립한 대학생도 있다. 경기 침체로 「감원 바람」이라든지「꽁꽁 얼어붙은 경기의 빙하기」라는 어두운 화제뿐이지만, 기업 가를 목표로 하는 학생들은 미래를 응시하며 열심히 뛰고 있다.

기업 세미나를 기획한「벤처 엔터프라이즈 센터(VEC)」에 따르면 작년 9월부터 전국에서 열린 학생을 위한 세미나에는 7개 지역에서 총 2,000명이 참가했다.

이미 잘 알려져 있는 것처럼 통신·전자·소프트 세 분야의 빠른 발전은 멀티미디어 등을 발전시켰고 인터넷에도 큰 기대를 갖게 만들었다.

정보통신분야는 하이테크 벤처가 두드러지고 있는 역동적인 영역이며, 이 책에서도 여기에 중점을 두고 있다.

일년 중 3분의 1은 미국에서 체재하고 싶다고 말하는 CSK의 오카와 이사오(大川功)는『미국의 정보산업은 굉장하다. GDP의 10%를 점유하고 있다』라고 말하고 있다. 그에 비해 일본은 아직 5% 정도로 미국에 크게 뒤지고 있는 상태이다.

동시에 정보통신분야가 미국과 일본에서 각각 GDP의 5~10%라는 것은 정보통신산업 이외의 산업이 각각 90~95% 존재한다는 것을 알려주고 있다. 드러커(Peter Drucker)는『우량 성장산업은 로테크(low-tech) 산업분야 안에 다수 존재한다』라고 말하고 있는데 이 책에서도 이 점을 충분히 다룰 예정이다.

나는 뉴비즈니스 협의회의 대상 수상기업의 선정 위원장을 맡고 있는 덕택으로「유키구니(雪國) 마이타케」,「에이치 아이 에스(HIS)」등 농수산업이나 새로운 서비스 분야에 탁월한 성장을 보

이는 벤처 비즈니스를 자주 접할 기회가 있었다. 게다가 〈니혼게이자이신문(日本經濟新聞)〉 우량사업자상의 심사위원장을 오랫동안 역임했기 때문에 「기노시로타이세쓰(木の城たいせつ)」, 「후지히카 생선묵(藤光蒲鉾)」 등 참신한 경영을 하고 있는 지방의 우수한 기업들을 접할 수 있었다.

이른바 보통 산업, 생활산업이라 불리는 분야에서도 다수의 벤처기업을 볼 수 있었다. 경영자는 최근의 정보관련 외래어에 자신을 잃지 않고 자사가 가진 중추적인 능력을 활용해가는 것이 중요하다. 『본업에서 떠나지 말아라』, 『본업을 중심으로 기술을 혁신해라』라고 말하고 싶다.

기업은 어떻게 해서 성장의 잠재력을 키우는가? 그것은 「창조력」이고 「사회적 욕구의 파악」이고 「인재를 활용하는 능력」이다. 이와 같은 기초적인 조건이 만족됨으로써 화려한 우량기업이 탄생하는 것이다.

나 자신도 실제로 벤처기업을 두 번 세운 적이 있다. 첫번째는 「MT자석의 상품화」이다. 도쿄대(東京大學)에서 발명해 도쿄계기(東京計器)에서 개발하여 공업화, 공장건설, 대미기술 수출, JIS화에 이르기까지 직접 뛰어다녔었다.

두번째는 20년 전 미쓰비시 종합연구소(三菱總研)의 창업이다. 미쓰비시 종합연구소는 즈식회사로 발족해 지금은 연구원이 1,000명이 넘는 업계 최대의 두뇌집단(think tank)이 되어 있지만, 내가 시작할 때에는 겨우 5명이었다.

그런데 현재 우량기업이라 불리는 기업이란 그 의미가 예전과 무척 다르다. 니혼게이자이신문사는 NEEDS-CASMA(다변량해석

법에 의한 기업평가 시스템)를 이용해 1995년도의 우량기업 순위를 정하고 있다.

이 NEEDS-CASMA는 전국 상장기업의 재무제표를 분석해 우량기업을 산정하는 시스템으로 재무의 건실성을 나타내는 「주주자본경영도」와 「수익성」, 「규모」, 「성장성」의 네 가지 항목을 기준으로 기업을 종합적으로 평가하고 있다.

1위는 키엔스이고 파낙(FANUC), 후지(富士)필름이 그 뒤를 잇고 있다. 이들 우량기업은 독자적인 기술 개발력, 뛰어난 판매력과 동시에 양호한 재무구조를 갖추고 있다. 메르코, 헤이와(平和), 나가후(長府) 등 지방에 본사를 둔 기업도 상위에 속해 있다.

키엔스사는 공장자동화용 특수 센서기계를 담당하는 회사이다. 2위인 파낙사(작년 6위)는 공작기계용 CNC(컴퓨터 수치제어)장치로 세계 시장에서 50% 전후의 점유율을 보이고 있다. 4위인 마부치 모터는 소형 모터를 100% 가까이 해외에서 생산하는, 엔고 저항력이 강한 기업이다.

「업종」별로 보면 먼저 일본 수출산업의 주역이기도 한 「부품 산업」으로 키엔스, 마부치 모터, 교세라(京セら), 무라타(村田), 메르코 등이 상위 순위를 점하고 있다.

다음으로 「오락」 관련으로 닌텐도(任天堂), 소니 뮤직, 헤이와(일본형 슬롯 머신) 등이다. 슬롯 머신은 30조 엔 산업으로 성장했다는 보도가 있었다. 더불어 「약품업」이 키네닥(신경장해 치료제)의 코노 약품을 비롯해 상위 30개사 중 8개 회사를 점유하고 있다.

우량기업 랭킹(1995년도)

순위	회 사 명	종합평점	규모	수익성	주주자본 경영도	성장력
1.	키 엔 스	1000	50	87	83	56
2.	파 낙	998	65	71	92	50
3.	후 지 필 름	956	79	68	84	40
4.	마 부 치 모 터	948	55	80	90	42
5.	쿄 세 라	948	75	57	87	54
6.	닌 텐 도	946	65	95	75	28
7.	무 라 타	942	67	66	85	52
8.	소 니 뮤 직	929	62	68	82	56
9.	메 르 코	919	41	71	70	87
10.	코 노 약 품 공 업	914	58	92	61	50
11.	타 이 쇼 제 약	903	65	81	66	49
12.	헤 이 와	902	55	91	70	42
13.	세 븐 일 레 븐 저 팬	899	62	100	43	53
14.	깃 세 이	896	52	75	72	63
15.	히 로 세 전 기	896	50	81	80	48
16.	나 카 덴 코	886	64	64	82	51
17.	야 마 노 우 찌 제 약	881	69	78	63	48
18.	아 오 야 마 상 사	880	64	64	75	58
19.	텐 마	873	49	66	97	45
20.	일 본 담 배 산 업	872	85	53	75	48
21.	동 경 스 타 일	871	59	58	99	42
22.	롬	870	64	63	71	62
23.	산 쿄	869	70	76	59	52
24.	쵸 오 후	868	53	62	91	52
25.	다 이 이 찌 제 약	867	66	71	69	51
26.	반 유 제 약	863	62	65	79	51
27.	도 요 타 자 동 차	861	97	51	71	40
28.	오 토 백 세 븐	861	58	65	67	69
29.	산 텐 제 약	847	51	79	57	67
30.	키타큐슈 코카콜라 보트링	846	55	64	79	57

자료 : 「니혼게이자이신문」 1995년 8월19일

대기업은 대체로 저조한 편으로 도요타자동차 27위, 마쓰시타(松下)전기 54위, 히타치(日立)가 66위를 달리고 있다. 산업 구성이 확실하게 「후지산형」에서 「산맥형」으로 이행됨을 알 수 있다.

이 책은 강동우 선생과의 대화를 기본으로 벤처 비즈니스의 화려한 활약상을 묘사한 것이다. 공저자인 강동우 선생은 미국의 명문 매사추세츠 공과대학(MIT) 출신으로 일본의 인텔 시스템 사업부장을 역임한 하이테크 기업 컨설턴트이다.

특히 그는 정보산업을 주도한 하이테크 경영전략에 대해서는 미국의 상황을 자세히 알고 있기 때문에, 그의 풍부한 학식과 경험은 나에겐 신선한 충격을 줄 정도로 매력적이었다. 한국, 미국, 일본 세 나라에 대해서도 실제로 체험하고 몸으로 느낀 그의 지식은 많은 도움이 되었다.

벤처 비즈니스가 세상의 주목을 끈 시기는 과거에 세 번 있었다. 첫번째는 소니, 혼다로 상징되는 전후(戰後) 몇 년이다. 결국 그 기업들은 국제적인 대기업이 되었다. 두번째의 벤처 비즈니스 붐은 1980년대 초인데, 소드(퍼스널 컴퓨터), 코스모에이티(소프트), 간교(勸業)전기(극소형 모터) 등 많은 기업들을 배출해내기도 했지만 반면에 사라진 기업들도 많이 있다. 그리고 지금은 「제3의 벤처시대」를 맞고 있다. 점두상장에 의해서 큰 부를 쌓은 기업이 잇달아 나오고 있다. 미국에서도 벤처기업이 거대한 기업들을 뒤흔들고 있는데, 이는 산업의 변혁기이기 때문이다. 이 책에서는 그 실태와 앞으로의 대응에 대해서도 다루었다.

인용문헌은 모두 기재해두었고 오기나 오해되는 점이 있으면 정정해주었으면 한다.

간행에 즈음하여 도쿠마(德間)서점의 이와사키 히로시(岩崎旭), 마쓰자와 마사히로(松澤正博) 이하 모든 분에게 감사드린다.

마키노 노보루

차　례

제1장　왜 벤처 비즈니스가 각광받고 있는가

제3장 벤처 비즈니스의 체험사례

제4장 성공으로 가는 길

제5장 정보화 시대 – 무궁무진한 벤처의 바다

제6장 글로벌 시대에서의 벤처

차 례

1

왜 벤처 비즈니스가 각광받고 있는가

화려한 벤처시대의 개막 – *마키노*

새로운 개척지가 보인다 – *강동우*

화려한 벤처시대의 개막

— 마키노 —

북알프스형 산업구조의 시대

왜 지금 벤처 비즈니스가 각광받고 있는가?

오카야마(岡山)에 있는 후쿠타케(福武)서점이 그 옛이름을 버리고 베넷세 코퍼레이션이라는 회사로 바꾼 후, 연구나 세미나 등의 교재에 관계된 일을 했다. 그 후 기업의 주식을 공개했더니 1만 8,000엔까지 가격이 오르고 평가액이 1억 엔 이상의 부자사원들이 많이 탄생해 화제가 되었다.

또 와카야마(和歌山)에는 시마세이키(島精機)제작소라는 회사가 있다. 시마세이키제작소는 세계에서 처음으로 편물 니트의 컴퓨터화에 성공한 회사이다. 이 회사의 시마 마사히로(島正博) 회장은 내가 방문했을 때 와카야마 시 공업회 회장을 맡고 있었다. 그의 회사는 매우 우수한 회사로 매스컴을 통해서도 많이 소개되어 유명했다. 그 시마세이키제작소의 공개시 주가는 1만 5,000엔 이었다.

와카야마 또는 오카야마처럼 산업이 발달하지 않은 곳에서 이와 같은 예를 많이 찾아볼 수 있다. 물론 도쿄에 있는 소프트웨어뱅크 등도 화제가 되었다. 상장했을 때 사원이 자사 주식을 100주 정도 가지고 있다면 이미 그것만으로도 백 수십만 엔, 1,000주라면 천 수백만 엔의 자산 가치가 있게 되어 모두 싱글벙글하고 있다. 이와 같은 일이 빈번하게 일어나자, 최근에는 벤처 비즈니스에 대한 관심이 매우 높아지고 있다.

미국에서는 벤처 비즈니스로 출발한 마이크로소프트(Microsoft)사가 성공해 빌 게이츠(Bill Gates)는 드디어 미국에서 제일 가는 부자가 되었다. 사회·경제 생산성본부의 가루이자와(輕井澤)의 톱 세미나에 참석한 인텔(Intel)사 사장은 휴대용 퍼스널 컴퓨터를 이용해 회장인 무어와 이야기를 주고 받았다. 나는 종합 코디네이터를 하고 있었기 때문에 인터넷에 대해서는 긍정적인 면과 함께 부정적인 면도 생각하지 않으면 안 된다는 의견을 냈다. 인텔도 원래는 8명으로 시작한 벤처기업이었는데, 지금은 미국에서 손꼽히는 기업이 되었다.

이와 같은 정세를 배경으로 통산성이 1995년에 낸 보고서에서는 일본 산업구조의 변화에 대해서「후지산형에서 북알프스산형으로 바뀌었다」라고 표현했다. 머리말에도 지적한 것처럼 거대한 몇몇 기업들이 마치 후지산처럼 우뚝 솟아 있는 듯한 모습이었던 것이, 지금은 정상이 연이어 있는 북알프스와 같은 산맥형·연봉형 산업 구조가 되었다.

세대교체된 선두산업

1930년대의 섬유산업은 후지산과 같은 큰 산이 우뚝 솟아 주위를 제압하듯이 광공업 생산의 40%에 이르렀었다. 그러나 지금은 4% 정도로 떨어져 버렸다. 그 당시에는 석탄산업도 매우 큰 규모의 산업으로 일본의 산업계에 군림하고 있었다. 또한 섬유업계의 사쿠라다 다케시(櫻田武), 석탄업계의 오쓰키 분페이(大槻文平)처럼 섬유와 석탄회사의 경영자가 일본을 마음대로 좌지우지하고 있어서 우수한 인재들은 그런 기업에 앞다투어 취직했었다.

그러나 섬유도 석탄도 시간의 흐름에는 거역할 수 없어 결국은 쇠퇴해갔고 1950년대 중반부터 그들을 대신해 철강과 조선이 새로운 선두산업으로 등장하기 시작했다. 당시 일본의 철강업계와 조선업계는 엄청난 기세로 성장해 철강은 미국을 추월한 상태였고 조선도 다른 나라와의 경쟁상대가 되지 않는, 독주 상태였다. 조선업계의 뇌물수수사건*이 일어난 것은 그 때였다. 뇌물수수사건이 일어났다는 것은 그만큼 산업의 힘이 강했다는 의미로 이해할 수 있다.

---

* 해운업계 재편을 위한 제9차 계획 조선에서 일본선주협회, 일본조선공업회에서 자유당 간부에게 뇌물을 건네준 사건. 1954년 2월25일에 도쿄지검이 이노(飯野)해운 등 8개 회사를 조사, 각 회사의 임원 등 7명을 체포했다. 그 후 이 사건은 정계의 중심부에까지 파급되는 것처럼 보였으나, 4월12일에 자민당 간사장 사토 에이사쿠(佐藤榮作)에 대한 검찰당국의 체포영장이 발부되면서 사태는 일변했다. 당시 이누가이(犬養) 법무대신이 「지휘권」을 발동해서 체포영장 청구를 되돌려보낸 것이다. 그리고 그 다음날 이누가이 법무대신은 사직하고 사건은 흐지부지되었다. 이 사건으로 취조를 받은 관계자는 1,900명이 넘었으며, 국회의원 5명을 포함해 71명이 체포되었다.

그러했던 철강과 조선도 이제는 일본 산업계의 거봉에서 물러나 있는 상태이다. 1994년 기타규슈(北九州) 시에서 열린 강연회에 『오늘 아침 신닛데쓰(新日鉄＝新日本製鉄 株式會社)사에서 대규모 감원을 발표해 야하타(八幡)제철소에서만 1,000명 이상이 실직될 것 같다』라는 말을 들었다.

그 날 있었던 강연회는 그러한 소식을 접한 탓인지 매우 무거운 분위기 속에서 진행되었다. 그 때 신닛데쓰에서 행한 감원에 대해 그 지방에서는 『인수할 작정이다』라고 말했다. 중공업계 전반이 매우 힘든 상태였다.

감원이라고 하면 인수하는 측에서도 특히 문제가 되는 것이 관리직의 중견사원이다. 「요즘은 양복을 입고 넥타이를 맨 40대 직원들」이 감원의 첫번째 대상이다. 「생산합리화」를 기치로 내세웠을 때에는 블루 칼라나 화이트 칼라의 젊은 층이 전전긍긍했었는데, 지금은 화이트 칼라의 생산성이 문제가 되고 있다. 관리직인 화이트 칼라가 전전긍긍하고 있는 셈이다.

게다가 회사 내에서도 40대의 화이트 칼라에 대해 『전에는 존경받는 존재였지만, 지금은 거만하고 일도 하지 않는다. 월급은 높고 책상만 크다』라는 부정적인 평가를 내리고 있다.

히타치조선을 구원한 벤처

조선업계에서도 대규모 감원이 잇달아 있었다. 미쓰비시(三菱)중공업에는 전에 9만 명의 종업원이 있었지만, 기업분리를 통해 지금까지 5만 명을 감원했다. 조선 업계의 패자로서 경제계의 중진이었던 히타치조선도 60% 가까이나 종업원이 감소했다.

그렇지만 히타치조선의 경우는 단순하게 감원을 하는 것이 아니라, 20~30명 정도씩 그룹으로 해서 새로운 회사를 만들 것을 지시했다. 이런 식으로 몇 가나 되는 벤처 비즈니스를 만들었다.

벤처 비즈니스라고 하지만, 그 종류는 여러 가지가 있다. 미국에서는 제논그룹처럼 벤처 캐피털리스트*가 출자해서 벤처기업을 만드는 경우와 IBM이나 제록스처럼 계열사로 해서 만드는 경우가 있다.

일본에서는 후자인 경우가 더 많다. 히타치조선의 경우도 후자처럼 자회사를 만드는 형태로 벤처를 만들고 그 곳에 잉여 인원을 보내 여러 가지 일을 시켰다. 이것을 분사화(分社化)의 일종으로 보는 사람도 있다. 「코퍼레이트 컴퍼니」, 「코퍼레이트 벤처」라고 부르기도 하는데, 특별히 정허진 정의는 없다.

그 코퍼레이트 벤처가 계속 적자를 기록해서 이제는 흑자로 전환될 수 없을 것이라고 여겨지면 그 벤처는 폐업을 한다. 모기업이 붕괴되면 큰일이지만, 이처럼 코퍼레이트 벤처는 역사도 짧고 종업원도 적은 소규모 회사이기 때문에 큰 타격 없이 진퇴가 자유로운 것이 장점이다.

그러나 의욕과 예견력만 있으면 코퍼레이트 벤처는 다시 일어날 수 있다. 히타치조선의 경우는 독립된 기업 안에서 흑자를 기록하게 되고 차차 성장하여 상장을 하기까지 이르렀다. 그 대활약

---

* 벤처 캐피털이란 장래성은 있지만 은행융자를 받기 힘든 기업 등에 자본가 참여 형태로 자금을 제공하는 구조이다. 부자가 자기 자금을 투자하는 경우도 있지만, 투자가로부터 자금을 모아서 출자 형태로 운용하는 경우도 있다. 위험 부담이 있지만, 미국 등에서는 그 기업이 성공을 거둬 주식 공개가 됐을 때 많은 주식매매 이익금을 얻을 수 있어서 인기가 높다.

에 힘입어 히타치조선그룹이 다시 일어설 수 있었던 것이다. 모기업에 해당하는 히타치조선은 조선업 전체에 불어닥친 경기침체의 영향으로 연속적인 경영 악화의 늪에서 헤맸었는데, 벤처기업의 활약 덕택으로 쓰레기 소각장치에서 건강음료에까지 업종을 넓혀 다시 일어났다. 이처럼 코퍼레이트 벤처기업 중에는 미래가 밝은 회사가 많이 있다.

흥망성쇠의 길

전후 50년 동안 산업의 성쇠를 돌이켜보면 화려하고 거대했던 사업군들이 고개를 넘어서 내려가는 모습을 볼 수 있다. 학교에서의 우등생이 비교적 일찌감치 은퇴하는 예가 많은 것에는 이와 같은 배경이 있다.

도요타자동차와 마쓰시타(松下)전기는 이익 베이스로 5,000억 엔 산업을 만들어 그 풍부한 자금력으로 도요타은행, 마쓰시타은행이라 불리게 되었다. 그러나 그 배경에는 각 가정을 대상으로 내수 소비재의 보급이 있었다.

이케다(池田) 내각이 소득증대계획을 발표한 1960년에는 흑백 텔레비전의 보급률이 29.18%에 지나지 않았다. 내가 처음으로 텔레비전에 출연한 것은 1950년대 중반이었는데, 그 때는 아직 집에 흑백 텔레비전조차 없을 때였다. 그 때문에 가족들은 동네식당에 가서 텔레비전을 보았다. 그 후 고도성장경제에 힘입어 급격하게 텔레비전이 보급되기 시작해서 세탁기, 전기포트, 전자레인지, 냉장고, 카세트 라디오 등으로 인기상품이 이어졌다.

텔레비전도 단순한 흑백 텔레비전에서 트랜지스터가 내장된 것으로, 다시 고해상도의 천연색 컬러 텔레비전으로, 그리고 VTR 내장으로 변화했다. 동시에 1960년 흑백 텔레비전 보급률이 30% 이하였던 것이 겨우 16년 만에 94%의 천연색 컬러 텔레비전의 보급률을 보이며 단기간에 폭발적으로 보급되었다.

그와 같은 가전제품의 붐과 함께 성장을 지속한 마쓰시타전기가 1995년에 드디어 적자를 기록했다. 거기에는 MCA 매수 실패의 여파도 있었지만, 거대한 마쓰시타전기가 적자를 기록했다는 것은 무엇보다도 가전이 일본의 산업을 이끌던 시대는 끝났음을 알려주는 것이었다. 그 후 일본은 텔레비전 수입국이 되었다.

자동차도 1951년에는 월 생산 500대에 지나지 않았었다. 그러나 지금 일본의 자동차 회사들은 연간 1,000만 대가 넘는 차를 생산하고 있다. 그러나 요사이 3년 간은 그다지 상황이 좋지 않다.

일본 내 보유대수가 6,800만 대에 이른 지금 시장은 완전 포화상태가 되었고, 미국에서도 8명으로 시작한 벤처기업인 인텔에게 GM사의 자산(주가×계수)이 함락당하고 있다. 자동차 산업이 앞으로도 계속 폭발적인 추세로 신장하리라고는 생각할 수 없다. 닛산(日産)은 비교적 빨리 자마(座間)공장을 폐쇄했다. 헤이세이(平成) 불황이 끝났다고 해도 결코 이전처럼 자동차가 잘 팔리는 시대는 이미 지나갔다고 판단했기 때문이다.

대기업시대의 종말, 중소기업시대의 도래

통산성이 앞으로의 일본 산업에 대해 북알프스형이라는 표현을 사용했다고 했는데, 실은 이와 같은 표현이 나오기 전에 나는 「산업구조는 묘기산(妙義山)형이 된다」라고 말했었다. 묘기산은 군마(群馬)현에 있는 산으로, 기암이 나란히 늘어서 있는 것으로 유명한데, 도쿄(東京)권 이외의 사람에게는 그다지 알려져 있지 않다. 그 때문에 북알프스형이라는 표현이 더 이해하기 쉬울 것이다. 어쨌거나 같은 의미이다.

통산성이 북알프스형이라는 표현으로 내 지적소유권을 침해해 왔기 때문에 나는 최근 「가부키(歌舞伎)형에서 뮤지컬형으로의 전환」이라는 표현을 사용하고 있다. 가부키에는 2~3명의 대배우가 나오고 그 밖에도 많은 사람이 등장한다. 그렇게 해서 1만 엔짜리 표를 팔고 있다.

뮤지컬은 특별히 내세울 만한 스타는 없어도 많은 사람이 무대를 메운다. 오랫동안 인기를 얻고 있는 「캐츠」 등이 그렇다. 무대에 수십 명이 나오는데 이름도 알지 못하는 사람들뿐이다. 그러나 가부키만큼 높은 입장료에도 매진되고 있다. 앞으로의 일본 산업은 이 「캐츠」처럼 조그만 기업들이 각각 대활약하는 것에 힘입어 유지되어 가지 않을까 한다.

구체적으로 말하면 화학공업에서는 일찍이 미쓰이(三井), 미쓰비시, 스미토모(住友), 쇼와덴코(昭和電工) 등이 이 업계의 패자였다. 그렇지만 이들 대회사는 모두 실질적으로 적자였다. 1995년에는 종업원 감원 등의 효과 덕에 겨우 잘 되는 정도였다. 한편 실리콘계의 제품을 만들고 있는 신에쓰(信越)화학, 그리고 산쿄(三共)나 가오(花王) 등의 중소 화학회사가 높은 이익을 올리고 있다. 이들 일본의 중견 화학제조회사는 해외의 동류 회사와 비교해도 확실하게 높은 수익을 올리고 있다고 말할 수 있다.

그 중견기업보다 더 조그만 기업도 분발하고 있다. 예를 들면 내 친구가 경영하고 있는 「생화학(生化學) 공업」 등이 그렇다. 다리의 관절을 치유하기 위해 사용되고 있는 씨름의 코니시키가 이 생화학 공업의 제품인데, 이 회사의 이익률은 20%를 상회하고 있다.

컴퓨터 분야를 봐도 대기업인 NEC와 후지쓰(富士通)가 2년 연속 적자를 냈다. 그 때 닌텐도는 2,000억 엔의 흑자를 내었다. 이것은 대형 컴퓨터에서 소형 컴퓨터로의 이행을 상징하고 있다. 대형 컴퓨터로 한시대를 풍미하던 미국의 IBM마저 3년 연속으로 적자를 낸 적도 있다.

IBM은 다운사이징(downsizing)의 시기를 놓친데다가 부품 회사, 소프트웨어 회사, 계열사 등을 모두 소유하려다가 실패함으로써 후유증을 앓았다. 이를 「퍼로키얼리즘(parochialism)」의 실패라고 부르고 있다.

같은 컴퓨터에서도 컴팩(Compaq) 등의 퍼스널 컴퓨터 업계는 눈부시게 신장했다. 일본에서도 NEC, 후지쓰 등 대규모 회사는 막대한 적자를 기록한 데 비해, 화투나 트럼프를 만들던 닌텐도는 800명의 종업원으로 2,000억 엔의 이익을 올렸다.

여기에서도 명확하게 알 수 있듯이 기업을 규모로 열거하던 시대는 이제 이미 끝났다. 매출액뿐만 아니라 이익률이나 투자자본의 회전율, 과거 3년 간의 이익추이나 성장률 등으로 평가하지 않으면 안 되는 것이다.

소재산업에서도 예전의 패자-인 철강업계를 대신해서 뉴세라믹의 교세라나 TDK가 훌륭한 성적을 올리고 있다.

이제 대기업의 시대는 끝났다. 건실한 중견기업·중소기업이 우량기업 명단에 들어가는 시대가 되고 있다.

각광받는 자본재형 수출업종

수출을 살펴보더라도 그 구조가 크게 변화하고 있음을 알 수 있다. 이제까지는 자동차나 텔레비전, 비디오가 인기 수출상품이었지만 지금은 전체의 3분의 1 이하로까지 격감하고 있다. 일본에서는 자동차나 가전제품 등의 대중소비재는 임금이 높아 채산성이 떨어지기 때문이다. 이제 일본은 텔레비전 수입국으로 위치가 바뀌었다.

그 대신 인기 있는 수출품목으로 부상하고 있는 것은 부품이나 기계 등의 「자본재」이다. 1995년 말 교세라의 이익은 비약적으로 신장했고 세라믹으로 유명한 무라타(村田)도 전년비 수십 퍼센트나 증가하는 등 좋은 성적을 올렸다. 파낙의 CNC(컴퓨터 수치제어)장치나 레저틱 등의 반도체 관련장치도 각광받고 있다.

게다가 부품이나 생산기계 등의 자본재가 현재 전 수출의 약 60%를 점유하고 있다.

지금까지 언급한 사례들을 정리해보면 현재 일본 산업은 구조면에서는 뮤지컬형, 수출품목으로 보면 부품 등의 자본재형이다. 뮤지컬 형태에서 자본재형의 수출품을 만들고 있는 회사의 대부분이 결코 대기업이 아니라는 점 또한 중요하다.

변화에 기민하게 대처한다

중소기업이 살아남는 데에는 한 가지 이유가 있다. 바로 대응력이다. 동서 냉전구조가 종결되고 55년 체제(일본 자민당 지배체제)가 끝난 그 간의 변화는 역사적인 대변화라고 해도 과언이 아니다. 경제는 물론이고 정치나 사회 등도 엄청난 변화를 겪고 있는 것이다.

그러한 경제·사회 정세의 대변화에 대부분의 대기업들은 민감하게 반응하기 어렵다. 지금 유행하고 있다고 해서 곧바로 유행을 쫓아간다거나 눈앞의 이익을 쫓아가지 않는 것이 대기업의 장점이었다. 그러나 지금은 그와 같은 예전의 장점이 단점으로 되어 목을 조이고 있는 것이다.

앞에서 언급한 중소기업 외에 다른 지방에 소재하고 있는 중소기업 중에도 변화에 잘 대응해가는 기업들이 많다. 즉 경제·사회 정세의 대변화에 따라 산업에도 여러 가지 틈이 생기는데, 그 틈새에 날쌔게 파고들어 경쟁상대가 없는 상태에서 큰 수익을 창출해 급신장한 기업들이 그러하다.

예를 들면 가격파괴라는 현상이 광범위하게 일어날 때 재빠르게 할인을 하는 것이다. 위스키인 시바스 리갈은 백화점에서 사면 8,200엔 정도인데 할인점에서 사면 2,000엔 정도에 불과하다. 이와 같이 가격에 큰 차이가 있으면 할인하는 쪽으로 고객이 몰리는 것은 당연하다.

전에는 명절이나 연말연시에도 어디 백화점에서 보내온 선물어

냐를 중시했는데, 최근에는 그와 같은 풍조도 없어지고 대신 『같은 품질이라면 싼 것이 좋다. 일류 백화점은 확실하고 안전하게 포장해주지만 그것은 과대포장으로 자원 낭비이다』라는 인식이 사회 전체에서 일어나기 시작한 것이다.

그 예로 큰 화제가 된 것이 긴자(銀座)거리에서 화장품을 30~50% 할인 판매한 파소나 사건이다. 파소나는 원래 인재파견을 해온 회사로 남부 사장은 내 친구이다. 이 회사가 긴자 거리 한가운데에서 화장품을 엄청나게 저렴한 가격으로 할인 판매함으로써 트러블이 일어났다. 아마도 너무 번화한 거리에서 판매했기 때문에 눈에 띄었나 보다. 트러블을 통해 부딪친 규제완화의 벽은 여전히 견고했다. 그러나 현 추세는 눈에 띄지 않게 점점 가격파괴 쪽으로 진행되어 가고 있고, 이제 그 흐름은 멈출 수 없게 되었다.

통신분야도 완화의 움직임이 보이더니 교세라의 이나모리(稻盛)가 곧 DDI를 만들어 2년째에는 흑자를 기록했다. 그리고 차차 개인휴대통신 서비스(Personal Handy Phone Service : PHS)가 붐이 되어 우정성(郵政省)의 예측으로는 이동통신만으로 2010년에는 15조 엔 규모의 사업이 된다고 한다. 15조 엔이라 하면 지금의 철강이나 화학공업을 앞지르는 대단히 큰 규모이다. 그와 같은 혁신의 바람을 선도하는 대부분의 기업 규모는 그다지 크지 않다.

능숙하고 빠르게 정확한 최신정보를 움켜잡는 일을 할 수 있는 것이 경영자의 자질이다. 이러한 현상이 중소기업 이하 규모의 기업에서 시작되고 있다. 대기업이나 관공서는 그와 같이 신속하고, 세세하게 일을 할 수 없다. 그 빈틈(niche)을 찾아 세콤(경비회사)이나 리쿠르트 혹은 학습지 시장이 성장해가는 것이다.

다음과 같은 실화가 있다. 어떤 경제평론가의 집에 도둑이 들었다. 경제평론가는 화가 난 나머지 경찰서에 전화를 걸어 항의를 했다.『도대체 뭘 하고 있었던 겁니까? 다시는 도둑이 들지 않도록 좀더 확실하게 해주세요.』그랬더니, 경찰이『그러면 여기에 전화를 걸어보십시오』라고 말하며 전화번호를 안내해주었다. 그 번호로 전화를 걸었더니 세콤이 나왔다.

OA화와 첨단화로 성공한 중소기업

일본이 엔고와 계속 치솟기간 하는 임금으로 인해 국제경쟁력을 유지하기 힘들게 되었다고 했을 때 바로 자동화를 시작한 곳이 중소기업이었다.

나는 니혼게이자이신문사의 우량사업자상 심사위원장을 맡고 있었는데, 1995년 이 상을 수상한 것은 야마구치(山口)현의「후지히카 생선묵이었다. 도쿄에서는 그다지 잘 알려지지 않았지만 간사이(關西)에서는 매우 유명한 야마구치현의 어묵가게를 운영하고 있다.

그 생산현장을 보러 갈 기회가 있었는데 NEC와 공동개발한 컴퓨터로 관리하는 그 공장은 정말로 높은 수준이었다. 아침에 주문을 하면 전부 자동화로 처리되어 그 날 저녁에는 상품으로 출시된다.

OA화라든가 군살빼기라고 하는 것은 대기업이 처음으로 시작했지만, 지금은 중소기업들이 많이 응용하고 있다. 치열한 경쟁의 최전선에 선 중소기업은 순간순간 죽느냐 사느냐에 대한 신속한 의사결정을 내려야 하기 때문이다. 가격파괴, 규제완화, 임금상승, 엔고 등에서 살아남기 위해 수주·입하·가공·재고·발송의 전 공정을 컴퓨터가 관리하고 있다.

문제점이 없는 것은 아니다. 일본은 미국과 비교해서 「새로운 기업」이 싹을 틔우고 커나가기가 힘들다.

개업률을 봐도 일본은 4.4~5.0% 사이인 데 반해, 미국은 10% 가까이 된다. 미국의 경우 폐업도 많지만, 여러 가지 기업이 탄생하는 생명력이 결국 산업계의 활력을 유지하는 데 중요한 요인이 된다. 이것에 대해서는 뒤에 다시 언급하도록 한다.

새로운 개척지가 보인다

— 강동우 —

살아난 실리콘 밸리의 다이어트

1995년 10월 미국에 갔을 때 하이테크 주가가 무서운 기세로 오르고 있었다. 인텔 등 연간 100억 달러가 넘는 매출액을 올리고 있는 회사의 주식이 1994~95년에 걸쳐서 두 배 정도로 늘어났다. 인터넷 관련 회사인 넷스케이프사는 최근 주식을 상장한 후 하루에 상장 가격이 3배 이상으로 뛰어오르는 등 기세를 올리고 있다. 지금은 어느 정도 안정도었지만, 한때 그와 같은 열기가 온 미국을 흥분시켰다. 미국에서는 지금 하이테크 벤처로 무섭게 돈이 흘러들어가고 있고 실리콘 밸리가 또다시 들끓고 있다.

미국은 레이건 정부시대에 경제가 팽창되었기 때문에, 그 후 GE 등도 상당히 고심한 끝에 감원을 단행했다. 인텔 등도 감원을 단행함으로써 수익을 올렸다. 그리고 그 후 대기업은 계속 긴축경영을 하는 한편, 중소기업이 생산을 신장시켜 고용은 거의 중소기업에 의해 이루어지는 양상을 띠고 있다.

실리콘 밸리는 다시 활기 넘치는 곳이 되었는데 옛날과는 달리 비서가 없다. 사무실에는 자동응답기 등이 설치되어 있어 전화를 걸면 기계가 받아 응답할 필요가 있는 것만을 담당자에게 연결하도록 되어 있다. 그처럼 국제경쟁에 이기기 위해서 불필요한 것은 철저하게 없애 생산성을 올리고 있다.

레스(Less)의 시대—바꿔야 산다!

최근 실리콘 밸리에서 또 하나 눈길을 끄는 것은 사이버 스페이스라는 새로운 개척지의 출현인데, 이것에 의한 정보산업이 활성화되고 있다. 사이버 스페이스(cyber space)*는 완전히 새로운 분야로서, 이로 인해 대기업들은 새로운 당면과제를 안게 되었다.

이것은 무엇을 의미하는가? 바로 이 정보혁신에 의해서 세계 그 어느 곳도, 그 어떤 사업도 지금 현재의 전략을 근본적으로 재구축하지 않으면 살아남기 힘들다는 것이다.

1995년 가을 〈포브스(Forbes)〉지에는 인포메이션 테크놀로지가 등장함으로써 「레스(Less)」의 시대로 돌입했다는 내용이 특집으로

---

* 컴퓨터가 만들어 내는 가상공간. 당초에는 컴퓨터 그래픽 등으로 표현되는 가상체험을 할 수 있는 공간이 그 주된 내용이었지만, 거기에 쇼핑몰이 생겨나고, 은행이나 부동산 회사가 실험적으로 개설됨에 따라 사태가 일변했다. 사이버 스페이스상의 토지가 분양되고, 사이버 스페이스 내의 상점에 들어가 상품을 충분히 검토한 후 주문을 하면 현실에서 택배로 받을 수 있게 되었다. 앞으로 쾌적한 경제 방법으로 전자화폐가 정착되면 사이버 스페이스의 이용에 가속도가 붙을 것이다.

실렸다. 이것은 정보혁신에 의해 이제까지 필요로 했던 여러 가지 것들이 없어져 간다는 뜻이다. 말하자면 앞으로는 상점 없이도 쇼핑(store-less shopping)이 가능해진다.

이미 유나이티드 항공 등에서는 티켓 없이도 여행(ticket-less air travel)이 가능하다. 전화나 네트워크를 통해서 예약을 할 경우 사전에 티켓을 받을 필요가 없이 비행기를 탈 때 보딩패스만 받으면 그것으로 모든 절차가 이루어진다. 그렇게 하면 손님도 항공사도 양쪽 다 불필요한 시간을 없애고 시간을 절약하게 된다. 앞으로는 이러한 일이 점점 더 많아질 것이다.

도박을 하러 일부러 카지노에 가지 않아도 된다. 카지노 없이도 도박(casino-less gambling)이 가능할 것이다. 교육도 그렇다. 인포메이션 테크놀로지가 보급되기 시작되면 학교에 가지 않아도 효율적으로 공부할 수 있으므로 캠퍼스가 없는 교육(campus-less education)이 되어갈 것이다.

주식 거래도 이제까지의 매장이나 현황판은 불필요하게 되어 새로운 형태가 등장하게 될 것이다. 은행은 체크할 필요가 없는 체크레스 뱅킹이 자리잡아 장래에는 현찰도 전자화폐로 대체되어갈 것이다. 회의를 해도 텔레비전 회의나 비디오 전화가 점점 발달함에 따라 회의용 탁자 없는 회의가 이루어질 것으로 전망된다.

그와 같이 모든 경제행위가 새로운 방향으로 변할 것이다. 대기업이나 중소기업 모두 이러한 변화에 봉착하게 될 것이다. 따라서 현재 전략의 단순한 연장선상에서 그 때를 대비한다면 밝은 미래를 기대하기란 어려울 것이다.

『대기업에 있기 싫으면 벤처를 해라! 』

레스 시대의 도래를 알리는 첫번째 예가 바로 멀티미디어 은행이다. 멀티미디어 은행은 개인용 컴퓨터로도 이용할 수 있기 때문에 직원도 점포도 필요 없다. 때문에 은행경제에서 부동산의 임대료가 80%나 하락할 것으로 예측하기도 한다.

게다가 은행업무가 거의 무료화되지 않을까 하는 예상도 있다. 컴퓨터와 현금자동지급기(Automatic Teller Machine : ATM)가 있으면 가능해질 것이다. 2000년이 되면 더욱 진보될 것이다. 전자화폐가 대중화되고, 쌍방향 비디오를 병용함으로써 거의 모든 일이 무인화할 수 있게 된다. 그와 같은 시대가 점차 다가오므로 은행으로서는 상당히 대담한 전략을 짜지 않으면 안 될 것이다.

노무라(野村) 종합연구소는 멀티미디어가 본격적으로 시작되고 주문형 비디오(Video On Demand : VOD)*가 보급되면 비디오 대여점 등은 소멸해버리겠지만 서적 출판업 등은 없어지지 않을 것이라고 예측하고 있다. 멀티미디어 출판이 서적을 대신할 것이 틀림없는 분야가 15%, 어느 쪽이라 말할 수 없는 분야가 25~30% 정도이고, 나머지 50% 정도는 현 상태로 남을 것이라고 한다.

멀티미디어의 영향을 받기 힘든 서적 업계라도 현재 베이스가

---

* 언제라도 원하는 때에 보고 싶은 프로그램이나 영화를 안방의 비디오 화면으로 불러낼 수 있는 시스템. 미국에서는 영화로 대성공을 거두었다. VOD가 보급되면 그 설비를 사용해서 대규모 비디오 쇼핑이나 은행 결재(홈 뱅킹)를 할 수 있기 때문에 많은 기대를 모으고 있다.

60% 정도밖에 남지 않는다고 하니 출판업계도 진지하게 전략을 다시 짜지 않으면 안 된다. 바꾸어 말하면 모든 기업이 전략을 그 기초부터 다시 변화시켜야 하는 시대가 온다고 할 수 있다.

이것을 변화에 대응한다는 측면에서 생각해보면, 바로 벤처형으로 변화시켜야 한다는 의미이다. 이와 관련해서 경단련(經團連)도 자세를 가다듬으며 대책 마련에 부심하고 있다. 일본에도 물론 독립형 벤처라는 것이 있지만, 경단련 등이 연구를 진행시키고 있는 것은 주로 기업내 벤처이다. 대기업이 전략을 대거 수정함으로써 새로운 국면을 열어갈 가능성은 충분히 있다.

고용을 어떻게 할 것인가에 관해서는 고용의 질이 변해가는 점도 간과하지 않을 수 없다. 한 기업에 매달려서 평생 충성을 다하는 형은 감소할 것이다.

학생 벤처의 개척자적인 존재 호리바(堀場)제작소 회장인 호리바 마사오(堀場雅夫)는 《싫으면 그만둬!(イヤならやめろ!)》라는 책을 냈다. 이것은 결국『싫으면 벤처를 해라!』라는 말과 일맥상통하는 것이 아닐까 한다.

도망치는 것보다도 맞붙는 자세가 높게 평가받는다. 회사의 비전과 자신의 비전이 일치되지 않았던 사람들 중에는 뛰어난 능력을 가진 사람이 많이 있다. 이들이 벤처 비즈니스를 통해 그 꿈을 펼칠 수 있기를 바란다.

기존 산업을 뿌리째 흔드는 멀티미디어

미래 사업에는 훨씬 더 창조성이 필요하게 될 것이다. 멀티미디어 세계에서도 내용을 공급하는 컨텐트 프로바이더(content provider) 등이 중요한 위치를 점하게 될 것이다. 최근 디지털 저널리즘이라는 말이 유행하고 있는데, 여기에는 종래의 저널리스트 업무 외에도 CD-ROM에 들어가는 애니메이션 작업이 뒤따르고 각본도 써야 하는 등 여러 가지 업무가 생긴다.

최근 미국에서는 리빙 북스(Living Books)라는 것이 등장해 책을 애니메이션으로 볼 수 있게 되었고, 백과사전 속에도 애니메이션이 들어가고 필요한 부분에서는 음악이 흘러나오게 되어 있다.

광고의 세계에서도 마찬가지이다. 프록터 & 갬블(Procter & Gamble : P&G)사의 회장인 에드 아츠트는『대중 광고의 죽음이 10년 이내에 일어날 것이다』라는 예언을 하고 있다. 광고도 쌍방향 시대가 되고 목표에 포커스를 정확하게 맞추어 진행되어가리라는 것이다. 벌써 인터넷 광고가 나오고 있는데, 앞으로는 어떻게 수수료를 챙길까에 대해서도 연구해야 할 것이다.

종합상사를 대표하는 중개업, 유통업, 매매업도 상당히 큰 영향을 받을 것이다. 멀티미디어 네트워크가 본격적으로 가동되면 중개업, 유통업, 매매업이 지니고 있던 정보적 부가가치의 대부분을 잃게 되기 때문이다. 궁극적으로는 집을 구입하러 가지 않아도 화면상으로 혼자서 모든 것을 할 수 있게 된다.

가상현실의 실용화는 의외로 빠른 시기에 이루어질 것이다. 화면 속에서도 실제로 집안에 들어갔을 때의 감각을 느낄 수 있을지 모른다. 그렇게 되면 부동산 중개업의 부가가치는 더욱더 떨어질 것이다.

그처럼 기존의 감각이나 조직의 틀을 넘어선, 전혀 새로운 움직임이 생겨나고 있는 것이 인포메이션 테크놀로지의 현주소이다. 산업계 전반, 사회 전반의 지반 자체에 대변화가 일어나고 있다.

현재의 대기업들도 이대로 가면 낭떠러지로 추락하리라는 것을 알고 대책을 강구하고 있다. 따라서 가까운 장래에는 기업 구조가 완전히 변하게 될 것이다. 인터넷이 본격적으로 가동되기 시작하면 매력적인 제품이나 서비스를 소개한 홈페이지를 한 건 올리는 것만으로 1개월에 수천에서 수만 단위의 문의나 주문이 발생할 수도 있게 될 것이다.

대기업의 유통력이라든가 정보력 없이도 재빠르게 처신하는 소규모 조직으로 충분히 비즈니스를 할 수 있게 된다.

결국 대기업의 이점이라는 것이 점점 가치를 잃고 있다. 『싫으면 그만둬 !』에도 긍정적이고 적극적인 의미가 포함되어 있는 것이다.

지금이, 산업구조가 격변하고 있는 어려운 위기상황임에는 분명하다. 그러나 생각을 달리하면 사이버 스페이스라는 새로운 개척지를 추구함으로써 꿈을 실현할 수 있는 절호의 기회를 맞이할 수 있을 것이다.

2

미국형 벤처와 일본형 벤처

미국형 벤처로 본 성공법칙 – *강동우*

일본형 벤처란 과연 무엇인가 – *마키노*

미국형 벤처로 본 성공법칙

— 강동우 —

풍토의 차이-순환형과 자기 완결형

『복어는 먹고 싶지만 목숨이 아깝다』라는 말이 있다. 이것은 위험과 수익을 두고 말하는 것이다. 일본에서는 아무리 수익률이 높아도 그와 상응되는 위험이 높으면 모험을 하기보다는 주저하고 마침내는 포기해버린다.

그것은 의료 현장에서도 마찬가지로 적용할 수 있겠다. 미국에서라면 누군가가 죽게 되었을 때 어차피 안 되는 일이니까 온갖 방법을 다 동원해보지만, 일본의 경우는 의사가 와주기까지 아무 것도 하지 않으며 또 해서도 안 된다고 생각한다.

이와 같은 문화적인 차이가 가장 단적으로 나타나는 것이 회사를 경영하다 실패한 경영자에 대한 태도이다.

미국의 실리콘 밸리 등에서는 회사를 파산시킨 적이 있는 사람이라도 우수한 기술과 좋은 사업계획만 있으면 다시 성공하여 돈을 모을 수 있다. 이미 회사를 세 번씩이나 파산시키고도 지금 네 번째 도전을 하려는 사람도 있다.

그러나 이것은 일본에서는 도저히 생각할 수 없는 일이다. 일본에서는 회사 하나를 문 닫으면 다시 새로운 사업기회를 찾기 위해 협력자를 구한다는 것은 거의 불가능하다.

그렇다고 해서 미국 사람들이 무모하냐 하면 결코 그렇지 않다. 벤처 비즈니스를 하고자 하는 사람들은 상당히 치밀하게 계획한다. 그럼에도 불구하고 대담하다고도 볼 수 있는 투자를 하는 것은 미국이 순환형 시스템을 취하고 있기 때문일 것이다.

스탠퍼드대학의 교수나 인텔의 중역 등은 스톡 옵션(stock option : 자사주 구매권)을 많이 가지고 있어 대학이나 기업에 재직하는 동안 많은 부를 쌓는다. 그리고 그 돈을 재미삼아 벤처 캐피털(venture capital : 모험자본)에 내놓는다. 그리고 나서 투자가의 처지에서 지켜보고 있다가 본업에서 좌천되기라도 하면 벤처 캐피털로부터 『저희와 함께 일하지 않겠습니까?』라는 제안을 받는다.

그러므로 미국의 벤처 캐피털 협력자들 중에는 전에 인텔의 중역이었거나 휴렛팩커드(Hewlett-Packard)의 중역, 또는 선 마이크로시스템스(Sun Microsystems)의 창업자 등이 즐비하다. 벤처 비즈니스라고 해도 그러한 대기업을 이끌던 인물이 참여해서 대기업에서 얻은 지혜나 노하우를 이용하기 때문에 중요한 일을 할 수 있다.

대기업에서의 경험을 가진 파트너는 새로운 제안이 나왔을 때

정확하게 검토하여 부족한 부분이 발견되면 곧바로 보완한다. 또는 그 아이템을 가지고 직접 벤처 비즈니스에 뛰어들어 완성하거나, 그 일에 적당한 인재를 찾기도 한다. 회사가 조금 흔들리거나 하면 그 동요되는 곳에 새로운 컨설던트를 투입시켜 비교적 단기간에 일을 바로잡기도 한다. 그것을 나는 「미국은 순환형, 일본은 자기 완결형」이라고 부른다.

미국형 벤처의 활력

미국의 경우 어느 정도 벤처 비즈니스를 통해 성공을 하면 그만두고 은거하는 사람이 꽤 있다. 이는 재정적 독립(financial independence)이라는 것으로서, 회사를 창업해서 어느 정도 성공을 하면 이제 모두 끝났다 하고 그만두는 것이다.

IBM에서 360이라는 컴퓨터를 만든 암달(Amdahl)은 IBM을 그만두고 자기 이름을 따서 암달이라는 회사를 만들었다. 제록스에 있던 슈거트(Shugart)도 슈거트라는 디스크 드라이브 생산업체를 만들었다. 트럭을 대여해주는 라이더사를 만든 라이더(Ryder)도 있다. 암달, 슈거트, 라이더에게 공통된 것은 자신의 회사를 만들었지만 그 회사에서 쫓겨났다는 점이다.

그러자 암달, 슈거트, 라이더는 재차 같은 업종의 다른 회사를 일으켰다. 그렇게 해서 자신의 이름이 붙은 회사끼리 경쟁이 시작되었다. 이러한 일은 일본에서는 생각할 수도 없지만, 미국에서는 일상 속에서 다반사로 일어날 정도의 활력이 있다.

대기업에서 뛰쳐나와 성공한 벤처 비즈니스

미국의 벤처 캐피털이 재미있는 것은 대기업에서 채택되지 못했던 사업계획을 가지고 추진한다는 점이다. 대기업 내에서 최고 경영자에게 승인받을 수 없었던 계획, 뛰어난 계획이라는 평가에도 불구하고 기존 기술의 투자를 회수하지 못했기 때문에 거절된 계획, 그와 같은 계획을 벤처 비즈니스에서 실현한다.

대기업에서 그와 같은 계획을 수립했던 사람들은 밖으로 나와서라도 반드시 실현시키려고 한다.

컴팩사도 텍사스 인스트루먼트(Texas Instruments)사 내에 여러 가지 분쟁이 있자, 밖으로 나와 새로이 창업한 회사이다.

애플(Apple)사도 그렇다. 휴렛팩커드에 있었던 워즈니악(Wozniak)이 회사 안에서 새로운 컴퓨터 개발을 제안했지만, 받아들여지지 않았다. 거기에 아서 록(Arthur Rock)이 등장해 그 제안이 성공할 가능성이 큰 것이라고 주장했지만, 당시 휴렛팩커드에서는 이것을 사업화할 수 없었다. 그렇다면 밖으로 나가서 하면 되지 않을까? 이렇게 해서 애플이 태어나게 된 것이다.

벤처 캐피털이라는 것은 그러한 의미에서 경제 활성화에 크게 기여하고 있는 셈이다.

벤처 비즈니스의 장해물

미국에서는 인재가 횡으로 움직이기 쉽다고 하는데, 그것은 대기업과 중소기업이 대등하다는 인식이 일반화되어 있기 때문이다. 일본에서는 대기업의 사장과 중소기업의 사장과는 굉장한 차이가 있기 때문에 대기업을 그만두고 중소기업으로 간다는 것은 격이 떨어지는 것으로 인식되어 저항감을 갖게 마련이다.

또한 미국과 일본은 학력에 대한 생각의 차이가 상당히 크다. 미국에서 벤처 비즈니스를 육성한 사람들 대부분은 일류 학교에 다니지 않았다. 미국에서는 곧잘 농담으로 『하버드 비즈니스 스쿨의 우등생은 책만 읽고 실제의 비즈니스에서는 도무지 쓸모가 없다』라고 말하고 있다.

한국에서도 대학입시는 대단하다. 시험당일은 수험생을 위해 비상 순찰차가 출동하고 교통 통제까지 할 정도이니 상상만으로도 그 상황을 충분히 짐작할 수 있을 것이다.

그처럼 필기상의 평가나 학력을 너무 중시하면 좀처럼 좋은 벤처 비즈니스가 육성되기 힘들다.

일본에는 「탈샐러리맨」이라는 말이 있는데 영어에는 탈샐러리를 의미하는 말은 없다. 왜냐하면 그와 같은 것을 표현할 필요가 없기 때문이다. 샐러리맨을 그만두고 새로운 일을 한다는 것은 미국에서는 당연한 이야기이다.

정보기술의 발달이 가져온 사업 기회

신규 참가자를 받아들이는 것에 관해서도 큰 차이가 있다. 미국 쪽이 관대하고 일본 쪽은 장벽이 높다고 할 수 있다. 그것은 신규 참여기업이 국내 기업이든 외국 기업이든 마찬가지이다.

뿐만 아니라 미국은 초기투자에 대한 회수 기간이 일본보다 짧다.『같은 1달러를 투자하게 되면 일본보다 미국이 유리하다』라고 말하는 것은 바로 이 때문이다. 그 이유의 하나로 일본보다 큰 미국의 시장 규모도 거론할 수 있겠지만, 그것뿐만 아니라 역시 규제의 정도와 차이로 볼 수 있겠다.

또한 미국에는 여러 민족이 살고 있어 다양한 시장 세분화가 이루어지고 있다. 그 때문에 틈새를 찾아 그 분야에서 선두가 되는 것이 일본에 비해 더 쉬운 편이다.

일본의 경우 한때 자신이 중상층이라고 생각하는 사람이 80% 이상이나 있었다. 그 80%의 사람들은 대부분 매스마케팅 쪽으로 기우는 경향이 많았다. 이러한 이유로 일본에는 좀처럼 다양성이 발휘되지 않았다.

지금까지는 미국 쪽이 사업 기회가 풍부했다. 그러나 이제 일본에서도 비교적 어려운 상황임에도 불구하고 벤처기업으로 성공하고 있는 사람이 많아지고 있다. 게다가 앞으로는 정보기술이 발달함에 따라 점점 더 울타리가 낮아질 것이다. 일본에도 가격파괴, 유통파괴, 인사파괴가 일어나고, 규제완화가 진행되어 그만큼 사업 기회도 증가해갈 것이다.

일본형 벤처란 과연 무엇인가

— 마키노 —

다양한 인생설계가 만들어내는 벤처기업

미국과 일본을 비교하면 벤처 비즈니스에 대한 인재의 흐름은 명확하게 구별된다. 일본의 대학교수들은 벤처 비즈니스를 하지 않는 데 반해, 미국에서는 노벨상을 탈 만한 학자들까지 모여서 벤처 비즈니스를 시작하는 경우도 있다. 이 차이는 도대체 무엇에서 온 것인가?

미국에서는 입사, 퇴직의 2단 로켓 인생은 없으며, 인생설계가 실로 다양하다. 일본인에게는 그와 같은 다양한 인생설계라는 것을 찾아보기 힘들다. 입사한 기업에 끝까지 봉사하고 정년이 되면 정년퇴직을 하는 사람들이 대부분이다. 퇴직할 때도 일본 사람들은 송별회를 열어 그 동안 감사했다고 눈물을 흘리면서 말을 잇지 못하는 반면, 미국의 경우는 『만세!』하고 쾌재를 부르며 『이제

일하지 않아도 된다』라며 무척 기뻐한다.

미국은 인생설계가 복선형이다. 내 미국인 친구들도 그렇지만 사업부장 직위쯤 되면 농장 등을 경영한다. 처음에는 경험부족으로 적자를 내지만, 꾸준히 도움닫기를 시작한다. 그렇게 하면 대개 대기업을 물러날 즈음에는 그 농장이 흑자로 전환된다. 그 기간은 적자분이 있기 때문에 수입이 있어도 세금이 공제된다.

게다가 대기업의 부장이면 상당한 수입이 있기 때문에 농장 등의 수입과 같은 데에는 기대하지 않고 오히려 그 쪽으로 투자를 한다. 그러다가 대기업의 관리직을 그만둘 때는 농장이 흑자가 되고 수입이 생기게 되므로 매우 다행스런 일이 아닐 수 없다.

이제 그러한 점을 전제로 일본과 미국 벤처 비즈니스의 상이점을 열거해보기로 하자.

벤처 비즈니스는 매우 중요한 것이지만, 일본에서는 벤처 비즈니스가 육성되기 힘들다고 한다. 그러나 다른 곳, 이를테면 미국에서는 늘 10% 정도의 벤처 비즈니스 신규개업이 있다.

지금으로부터 10년 전 시카고대학 총장이 방문해서 『마키노 씨. 미국의 대기업은 일본에 밀리는 경향이 없지 않지만, 중소기업은 다릅니다. 미국의 조그만 기업은 뛰어난 점이 많아요』라고 말한 적이 있다.

당시는 「그런가?」 하고 의구심을 느꼈지만, 이제 10년이 경과해 보니 그것을 확실하게 느낄 수 있었다.

미국과 일본형 벤처의 차이는 첫번째로 「사람의 이동」에서 찾을 수 있다. 미국에서는 횡으로 움직이기가 쉽다. 사람이 횡으로 움직이기 쉽기 때문에 조직도 횡으로 네트워크를 형성하게 된다. 한편 일본은 종형사회(縱型社会)·수직사회이기 때문에 회사 경영도 자회사를 만들고 그 자회사가 또 자회사를 만들어가는 식으로 조직이 계열화되는 경향이 있다.

바꾸어 말하면 미국에서의 벤처기업이라는 것은 일반 샐러리맨부터 대학의 교수급 학자였거나 대기업의 기술부장급인 사람들까지도 시작하는 것이다. 그렇지만 일본에서는 그러한 경우가 상당히 드물다. 얼마 전에 국립연구소의 소장이 벤처 비즈니스로 전신(轉身)한 일이 있었는데, 그 때 주간지에서 전화가 걸려와『왜 그런 결정을 했는지 인터뷰에 응해 알려주시겠습니까?』라고 물었을 정도로 일본에서는 드문 일이다.

일본의 연구자는 연구실에 틀어박혀서 연구만 하는 이른바 패로키얼리즘(parochialism)이 태반이라 할 수 있다. 학회상을 받거나 그 분야의 권위자라고 불리는 사람이 직접 자금을 모아 벤처 비즈니스를 하는 경우는 거의 없다. 하려는 대학 교수도 적고 그와 같은 일을 권하는 사회도 아니라고 할 수 있겠다. 그러한 것도 일본에 벤처 비즈니스가 육성되기 힘든 이유 중 하나이다.

수렵민족과 농경민족, 유목민과 정착민의 차이

미국에서는 쇼클리(William B. Shockley)*처럼 벨 연구소에 근무하다가도 텍사스 인스트루먼트로 옮기는 경우도 있다. 대학 친

---

* 1910년에 태어난 미국의 고체물리학자. MIT 대학원에서 학위 취득 후 벨 전화연구소에 들어가 반도체 물리학을 확립함과 동시에 접합형 트랜지스터를 발명하고 트랜지스터 실용화의 길을 개척했다. 노벨 물리학상을 받았다. 1989년 사망.

구이자 정보학자 마스다 요네지(增田米二)의 장남인 마스다 시게루(增田茂)는 미국에서 벤처 캐피털리스트(venture capitalist)로 활약하고 있다. 마스다의 책을 읽으면 퍼스널 컴퓨터의 붐을 타고 빠르게 성장한 컴팩이라는 회사도 처음에는 세 사람 정도의 멤버로 창설되었다고 한다.

그 컴팩이 막 개업하려 할 때 마스다를 위시해 벤처 캐피털리스트 몇몇이 기획에 참가해서 지원했다. 재미있는 것은 그 때의 창업자였던 세 명의 경영자가 지금은 하나도 남아 있지 않다는 점이다. 마음이 맞지 않는다든가 언쟁이 있다든가 새로운 기회를 찾아간다든가의 이유로 그만두는 것이다.

일본에서는 어지간한 일이 아닌 한 회사를 그만두지 않는다. 샐러리맨 대부분은 상사의 의향을 실로 능숙하고 정확하게 들숨과 날숨의 호흡까지 파악해서 적당히 아부하면서 헤쳐나간다. 이것이 미국과 크게 다르다.

미국의 경영자는 마치 수렵민족처럼 미지에의 도전을 좋아하고 새로운 일을 경험하는 것에 대단한 기쁨을 느낀다. 한편 일본 경영자의 대부분은 농부처럼 쭉 같은 곳에 살며 매년 같은 토지를 꾸준히 갈아서 몇 년, 몇 대에 걸쳐 훌륭한 논과 밭으로 만드는 방식을 좋아한다.

수렵민족과 농경민족, 유목민과 정착민의 차이가 결국 미국과 일본의 근저에 있는 것이 아닐까?

좋은 경영자는 때를 고한다

또 다른 미국과 일본형 벤처의 차이는 「기업의 사유화」를 들 수 있다. 미국에서는 회사를 자식에게 물려주는 예를 거의 찾아볼 수 없다. 그렇지만 일본에서는 대부분의 기업 경영자가 자식에게 회사를 물려주고 있다.

그러한 풍조 속에서 혼다자동차의 혼다 소이치로(本田宗一郎), 교세라의 이나모리 가즈오(稻盛和夫), CSK의 오가와 이사오 등은 자신의 회사에 친척을 개입시키지 않은 귀중한 경우로 알려져 있다. 그러한 것이 좋은 일인지 나쁜 일인지 알 수는 없지만, 세습제도는 일본의 큰 특색이다.

《비저너리 컴퍼니(Visionary Company)》라는 책에도 씌여 있지만, 미국에서는 기업을 시계와 같은 것이라고 생각한다. 「좋은 경영자는 때를 고한다」라는 사고 방식이 주류를 이룬다. 좋은 경영자는 3년이 지나건 5년이 지나건 10년이 지나건, 때를 고할 뿐이고, 시간이 경과하면 언젠가는 사라진다. 그러나 시계(기업)는 남는다. 이 예에서처럼 조직은 남는 것이고 그처럼 생각하는 것이 경영자의 중요한 조건이다.

그에 비해 일본은 『내가 창업한 것이니까 자식에게 물려준다. 자식이 없으면 손자에게 물려준다』라며 자자손손에 걸쳐서 번영시키려는 사고방식이 주류를 이룬다. 그 때문에 경영자로서는 매우 우수하지만 「왜 저런 자식에게 물려주는 것인가?」라는 인간적인 나약함을 느끼게 하는 사람도 적지 않다.

그 점에서 혼다는 역시 위대하다고 말할 수 있을 것이다. 그는 그렇게 큰 회사를 만들었음에도 불구하고 자식에게 물려주지 않았다. 혼다는 벤처기업에게 융자지원을 하는 통산성의 벤처엔터프라이즈 센터(VEC)에서 처음부터 선정위원으로 함께 일을 했었다. 그는 『나만의 회사가 아니므로 자식에게 물려준다는 것은 있을 수 없다』라며 세습제를 의식적으로 거부하고 있었던 것 같았다.

창업한 회사가 커져서 돈을 모으기 시작하면 그 순간 아깝게 생각해 마치 사유재산처럼 자식에게 물려주거나 사위에게 물려주는 것이 일본의 독특한 방식이다. 기업은 한 개인의 소유물이 아니다. 기업은 쭉 이어져 가는 시계이고 그 안에서 잠깐 동안 내가 시계바늘이 되어 일했다라는 사고 방식이 옳은 것이다. 그러나 일본에서 그러한 생각은 별로 찾아볼 수 없다.

브레이크스루형과 트렌드형

미국과 일본의 차이를 기술면에서 보면 미국은 브레이크스루(breakthrough : 돌파)형이고 컨셉트(발상)형이다. 과거의 연장선상에서 계속 이어가는 형이 아니다.

반면 일본은 과거의 연장선에서 개량해가는 트렌드(trend)형이 많다는 특징이 있다. 그 점이 매우 크게 다르다.

예를 들면 나는 오랫동안 도쿄대에서 강의를 해왔는데, 강의 후에 한번도 질문을 받은 적이 없다. 일본의 경우 연장선상의 지식을 익히고 선생님의 가르침을 기초로 살을 붙이는 교육이며, 그 교육 안에서 우수한 성적을 올린 학생이 도쿄대에 합격한다. 그렇기 때문에 강의가 시작되면 노트를 펴서 정확히 정리해 이해하고 암기를 해가는 증분형(incremental)의 지식형성이 대부분이다.

미국에서는 교수가 강의를 시작하면 그 순간부터 질문이 터져 나오기 시작한다. 의문점이 있다거나 알 수 없을 때, 잘 이해할 수 없을 경우 철저하게 파고든다. 미국은 문제해결형이고 문제발견형인 셈이다.

인텔의 니시오카(西岡) 사장은 『물건을 만들어가는 것은 증분형 · 트렌드형이 좋지만, 소프트웨어라든가 발명 · 발견은 컨셉트형 · 브레이크스루형이 아니면 안 된다』라고 말하고 있다. 연장선상의 발상뿐만 아니라 새로운 시점에서 문제를 발견해가는 형이 아니면 소프트웨어나 발명 · 발견 등은 할 수 없다는 것이다.

그러한 시점에서 다시 살펴보면 왜 미국이 소프트웨어나 바이오 등의 기초 연구 분야에서 강한지 잘 알 수 있다.

오늘날 본격적인 정보화 사회의 도래를 맞이하여 일본은 미국에 기가 죽은 느낌이다. 그리고 앞으로 「바이오 시대」에 들어서면, 그 때는 미국과 일본이 어떠한 싸움을 하게 될까? 일본은 연장선상의 개량형이고, 미국은 연구 · 발명형이라는 점은 맞지만, 사실은 그 정도로 간단하게 나뉘지 않는다.

예를 들면 트랜지스터를 발명한 것은 미국이다. 그러나 미국에서는 트랜지스터를 고작 보청기를 만드는 정도에 응용했을 뿐이었다. 그 트랜지스터에 살을 붙이고 그것을 능숙하게 이용해 라디오를 만들고 텔레비전으로까지 발전시켜 세계 시장을 제패한 것은 일본이다. 일본이 만들어 세계를 제패한 트랜지스터 라디오는 확실히 연구형이 아니라 개발형이다. 그러나 단순한「개량형 상품」
이라고는 말할 수 없을 것이다.

일본이 하이테크 제품의 국제시장에서 미국을 누르고 확고한
위치를 차지한 것은 분명하다. 그러면 어떻게 그 정도까지 밀고
나갈 수 있었을까? 그것은「집단주의」때문이다. 그에 비해 미국
은 개인주의이기 때문에 어느 뛰어난 개인이 획기적인 것을 발명
해도 그 사람 자신이 노벨상을 타고 나면 다른 쪽으로 옮겨가 버
린다.

일본의 경우는 능력이 있는 사람이라도 눈에 띄지 않는다. 『모
난 돌이 정 맞는다』라는 말이 있듯이 될 수 있는 한 억제해가는
것이다. 대신 집단이나 조직 안에 노하우나 경험이 두텁게 축적된
다. 시간이 경과되면 그것이 발효되어 어느 사이엔가 굉장한 것을
만들기 시작하는 것이다.

그렇게 해서 만들어낸 것 중에는 트리니트론(브라운관 기술) 텔
레비전, 가정용 VTR, AF 카메라 연속제조법 등 수많은 것이 있으
며, 최근에는 액정 디스플레이가 나왔다. 액정을 발명한 것도 일
본이 아니다. 그러나 한때 일본이 세계의 액정 컬러 디스플레이
수요의 95％를 점하기도 했다.

소프트웨어 분야에서는 일본이 미국에 뒤떨어졌다고 한다. 윈
도 95와 같은 정보처리 분야의 소프트웨어는 미국이 우위에 서 있
고, 일본은 2,600억 엔 정도 수입에 의존하고 있다. 그러나 게
임, 애니메이션, 만화와 같은 영상 소프트웨어는 2,200억 엔 정도
의 대미 무역흑자를 기록하고 있다.

스탠퍼드대학의 미즈노(水野) 교수에 따르면『정보처리 분야의

소프트웨어는 이제 그 한계에 이르고 있지만, 영상 소프트웨어는 좀더 고도의 기술로, 끝없는 발전이 예상된다」라고 한다. 게임 소프트웨어는 작곡가, 시나리오 작가, 그래픽 디자이너, 프로듀서 등 다양한 사람들의 「집단적 작업」으로서 일본인에게 적당한 분야이다.

소프트웨어 분야에서 일본은 졌다?

미국은 서부개척처럼 미지의 세계로 진출해 뭔가를 하는 것에 능숙하지만, 일본은 그 후에 새로이 개척된 황무지를 갈아서 수확하는 것에 능숙하다. 여기에서 중요한 것은 미지의 황야를 개척하는 것보다는 거기에 여러 가지를 심어서 수확하는 것이 훨씬 큰 수입을 거둔다는 점이다.

『노벨상 수상자가 많은 나라는 망한다』라는 역설도 이 일과 무관하다고 말할 수는 없다.

전에는 영국이, 최근에는 디국이 노벨상 수상자를 다수 배출했지만, 산업 형편은 나빠지고만 있다. 일본은 노벨상 수상 면에서 그다지 좋은 성적을 올리지 못했지만 산업 면에서는 매우 강력하고 풍요롭다.

미국의 모든 것을 100% 수용하고, 미국과 다른 점은 「고쳐 가라」라는 논조가 위세를 떨친 적이 있었다. 그러나 일본이 100% 나쁘다면 일본은 훨씬 이전에 무너져 버렸을 것이다. 그렇게 되지 않은 것은 미국과 일본 사이에는 큰 차이가 있고 여러 가지 관점에서 우열을 가릴 수 있지만, 전체적으로는 거의 대등하다라고 말할 수 있기 때문이다.

그러나 소프트웨어의 중요성이 날로 높아간다는 점에서 일본은 미국과 비교해서 소프트웨어가 허약해 불리하다고 걱정하는 사람도 있다.

소프트웨어 분야에서 성공한 사람과 대담을 한 적이 있었다. 그때 나는 소프트웨어를 만드는 사람들에게는 경력이 색다른 공통점이 있다는 것을 깨달았다. 도쿄대학, 와세다(早稻田)대학, 게이오(慶應)대학 등의 명문대를 졸업한 사람은 거의 없다. 과거의 이력도 색다르고 컴퓨터광 같은 사람이 패미컴(family computer)이나 게임 소프트웨어의 재미있는 아이디어를 내는 것이다.

퍼스널 컴퓨터의 기본 소프트웨어인 OS는 윈도 95처럼 미국이 우위이고 일본은 일방적인 수입국이다. 그러나 게임 소프트웨어나 애니메이션 분야에서는 앞서 말한 것처럼 일본이 압도적인 수출국이다. 그러므로 소프트웨어 전체를 놓고 보면 미국과 일본은 멋진 승부를 펼치고 있다고 보는 것이 타당할 것이다. 전혀 다른 두 분야, 즉 퍼스널 컴퓨터와 패미콤에서 미국과 일본이 보완적 관계에 있는 것은 재미있는 현상이다.

은행융자와 같은 벤처 캐피털

캐니온, 해리스, 모토 세 사람이 컴팩사를 창업했다. 호환성을 갖춘 휴대용 컴퓨터를 틈새시장으로 보고, 그것을 목표시장으로 삼아 파고들어 대성공을 거둔 것이었다. 1983년 제품을 개발한 컴팩은 1년 동안 1억 1,400만 달러 가까운 매출액을 올렸다. 그 후

1986년에는 미국의 〈포천(Fortune)〉 500사의 랭킹에 최단기록으로 진입했으며 1993년의 매출액은 72억 달러가 되었다.

그와 같이 컴팩은 IBM에 도전해서 멋지게 승리를 거두었는데 그 계획 자체는 꽤 위험한 것임에는 틀림이 없었다. 일본이라면 어떤 은행도 결코 융자하지 않았을 것이다. 은행이라는 곳은 원래 까다롭고 융통성이 부족한 면이 있기 때문에 담보를 가지고 그 담보의 60~70%를 빌려준다.

그렇지만 미국에는 벤처 캐피털리스트가 많이 있다. 예를 들면 「앤젤(Angle)」 투자 그룹 등 「자선가」적인 사고방식으로 그룹을 만들어 새로운 산업에 투자하고 있다.

미국 벤처 캐피털의 분야별 투자액

미국의 벤처 캐피털은 주로 전자공학과 의료분야에 투자되고 있다.

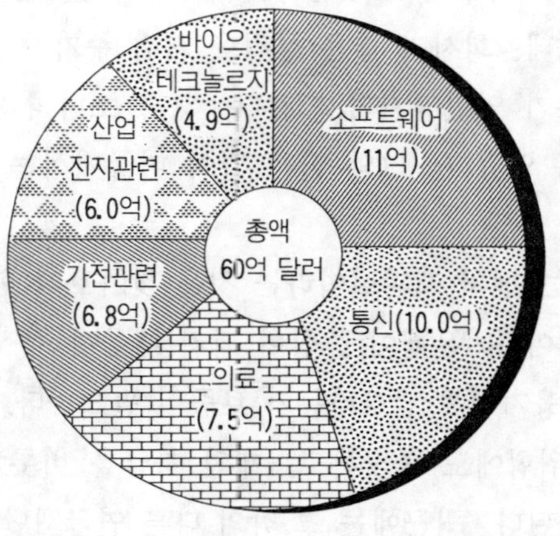

출처 : 세빈 · 로젠 · 파트너즈

자선가적이라고 표현한 것은 새로운 기업가에게 자신이 가지고 있는 여유자금을 투자해 육성해가는 일에 보람을 느끼기 때문이다. 이는 일종의 투기이며 적중확률이 10분의 1에 불과하지만, 일단 맞추면 크게 벌 수 있는「경마의 마권」과 같은 것이다.

최근 자료에서 보면 슬롯 머신의 시장규모는 30조 엔 정도이다. 이것으로 투기심을 만족시킨다면 벤처 캐피털리스트가 일본에서도 나올 법하다.

미국에서 벤처 비즈니스를 자금 면에서 지원한 것은 벤처 캐피털리스트였다. 그 벤처 캐피털스트의 대다수는 개인이다. 개인 자산을 투자했을 때 그 회사가 무너지게 되면 원금도 이자도 사라진다. 그러나 성공한다면 입이 닫혀지지 않을 정도의 돈을 벌 수 있다.

일본에서는 서두에 소개한 베넷세 코퍼레이션이 스톡 옵션제를 도입했는데, 회사가 좋은 성적을 거둬 주가가 오름에 따라 사원의 대다수가 억만장자가 되었다. 최근 소니의 임원 중에도 비슷한 경우가 있었다. 그와 같은 일이 미국에서는 빈번하게 일어나고 있다.

일본에서는 벤처 캐피털이라는 것을 찾아보기 힘들다. 은행 융자가 대부분이다. 은행이 중심이 되기 때문에 실질적으로는 융자인 셈이다. 융자에는 담보라든가 보증이 필요하다. 그러나 미국에서는 높은 위험에도 불구하고, 개인 자금을 비롯해 실로 다양한 자금이 투자된다. 최근에는 그 밖의 다른 연금재단 등도 뛰어들어 벤처 캐피털은 점점 활기를 띠고 있다.

일본에서는 통산성이 벤처 지원기관인 VEC를 설립하고 1억 엔까지 담보 없이 융자를 해주고 있다. 이 VEC의 초대위원장이 혼다이다. 현재 두 개의 위원회가 있는데, 나는 뉴비즈니스 융자위원회의 위원장과 다른 한쪽의 연구개발형 기업의 융자위원회 위원장 대행을 맡고 있다.

그 VEC에서 실시하고 있는 것은 어디까지나 융자이다. 통산성의 자금 보증 아래 무담보로 자금을 융자해주고, 몇 년 후에 되돌려받는 형식이다. 일본의 경우는 벤처 캐피털이 아니라「벤처적」인 융자라고 할 수 있다. 그와 같은 자금공급이 대부분을 차지하고 있다.

일본에서는 대기업 내에 벤처형 자회사를 만드는 일은 있어도 맨주먹으로 출발한 기업가에게 흔쾌하게 자금을 지원해주는 기관이나 사람은 극히 적다.

미국은 미지의 세계로 씩씩하게 발을 내딛는 데 비해, 일본은 완고하게 자신의 영역을 지키는 것 같다.

3

벤처 비즈니스의 체험사례

나는 벤처를 생애에 두 번 경험했다- *마키노*

MIT · 인텔 · 실리콘 밸리의 감각- *강동우*

나는 벤처를 생애에 두 번 경험했다

— 마키노 —

벤처 성공의 최우선 조건

벤처 성공의 최우선 조건은 「창조력」이다.

동급생들을 보면 1~5등 정도의 성적을 유지하던 사람이 성공하는 경우는 보기 힘들다. 그렇다고 해서 성적이 나쁜 게 좋다는 뜻은 아니다. 성적이 바닥인 사람도 역시 좋지 않다.

나는 시부야 야마타니(渋谷山谷) 초등학교의 동창회 회장을 맡고 있는데 그와 같은 내용이 곧잘 화제에 오른다. 동창회 회장은 전에 노동차관과 관방부장관을 역임한 미치마사(道正)이다. 그가 조사해보니 1~10등까지의 동창생들은 모두 소식을 알 수 없었다.

즉 성적이 10등 안의 상위권에 있었던 사람들은 사회에 나오면서부터 비교적 빠른 시기에 사라져 버린다. 30등 이후의 사람들은 사회에 나가도 크게 변하지 않는다. 10등대가 큰 활약을 하고 있다고 말할 수 있다. 도쿄대의 동기생을 봐도 그와 같은 경향을 볼 수 있다. 뛰어난 성적을 올리던 사람들은 모두 세간에서 모습을 감춰버리고 중상위 정도에 있던 사람들이 대활약을 하고 있는 것이다. 고인이 된 가와사키(川崎)제철의 야기(八木)회장이라든가 신닛데쓰의 가토 다케시(加藤健) 부사장 등이 그렇다.

어떻게 해서 그와 같은 일이 생긴 것일까? 역시 「발상의 차이」에 의한 것이 아닐까 한다.

혼다에서 아이디어 경진대회를 했을 때의 일이다. 내가 심사위원으로 참가했을 때 혼다 아이디어 경진대회에서 1위를 차지한 것은 바퀴살 없는 자전거였다. 바퀴살이 하나도 없는 자전거를 만든다는 것은 수재의 머리 속에서 나올 수 없는 발상이다. 자전거라는 것은 바퀴살이 있어야 하는 것으로, 그것을 더 좋은 것으로 만들기 위해 여러 가지 연구를 하는 것이 수재의 발상이다. 그렇지만 벤처적인 소질이 있는 사람, 학교 성적으로 말하면 10등 안에 들어가지 않는 사람은 바퀴살 없는 자전거를 생각해낸다.

혼다 아이디어 경진대회에서 1위에 입상한 사람은 그 전년도에도 1위를 했다. 도대체 어떤 사람일까 궁금해서 알아보니 중졸 학력의 소지자였다. 일류학교의 공학부 출신은 자전거에는 당연히 바퀴살이 있다고 생각하기 때문에 바퀴살 없는 자전거에 대해서는 생각조차 못한다. 아침부터 저녁까지 공부만 하는 사람이라든가 전문적으로 몰두하는 사람의 머리 속에서는 그처럼 새로운 발상이 좀처럼 떠오르지 않는다.

그래서 대학에 초청받았을 때 『성적이 좋은 사람은 좀처럼 성공하지 못한다」라는 요지의 강연을 했다. 그러자 성적이 좋지 않은 학생들이 크게 기뻐했는데, 그렇다고 해서 아주 성적이 나빠도 좋다는 것은 아니라고 말하자 이번에는 모두 한숨을 내쉬었다.

고도성장시대는 연장선상에서 조금씩 개량해가는 것만으로도 충분했다. 그러나 앞으로는 개량형에게는 힘들고 어려운 시대가 될 것이다. 이제까지 없었던 질과 규모의 대변화가 일어나고 있기 때문에 그것에 대응하려면 브레이크스루형의 발상을 갖지 않으면 안 된다. 그와 같은 문제가 지금 일어나고 있는 것이다.

벤처를 성공으로 이끄는 일곱 가지 조건

지금 내가 있는 미쓰비시 종합연구소의 정사원은 약 1,000명이며, 거의 대학원 수료자이다. 그 밖의 파견 연구원, 위탁, 아르바이트 등을 포함하면 1,300명 정도 된다. 그 미쓰비시가 주식회사형 두뇌집단으로서 1년에 200억 엔 이상의 매상을 올리고 있다.

우리들이 미쓰비시 종합연구소를 시작했을 때에는 겨우 5명이었다. 그러한 의미에서 미쓰비시를 대표적인 벤처 비즈니스로 봐도 좋을 것이다. 미쓰비시 그룹에서의 수주는 10여 퍼센트에 지나지 않는다. 결국 미쓰비스 종합연구소는 철저히 독립적으로 운영되고 있는 것이다.

종전 후 나는 한동안 대학에 있었고 MT자석을 발명했다. 그 MT자석으로 JIS규격을 취득해서 도쿄계기라는 800명 정도의 회사에서 공업화를 했다. 그 때 10명 정도로 시작한 공장이 100여 명 가까이로 커졌다. 그리고 그 기술을 미국에 수출했다. 이렇게 나는 벤처 비즈니스를 생애에 두 번 경험했다.

나는 그 경험을 통해 하이테크 벤처에서 중요한 요소 두 가지를 배웠다. 첫번째는 「스피드」, 즉 변화에의 대응이다.

두번째는 「창조력」이다. 이것이 가장 중요하다. 그 창조력은 「집중력」, 「발상전환」 등이 기본이 되어 생겨난다. 그러나 나는 최근 붐을 이루고 있는 인터넷에 의한 정보수집은 권하고 싶지 않다.

이와테(岩手)텔레비전의 30주년 기념 프로그램 〈멀티미디어〉에 출연했을 때 재미있는 경험을 했다. 그 프로그램에서는 니시자와 준이치(西澤潤一) 도호쿠(東北)대 학장이 기조 연설을 했는데, 그는 『선생님께서는 퍼스널 컴퓨터이라든가 워드 프로세서를 가지고 계십니까?』라는 질문에 대해 고개를 내저었다. 그것이 멀티미디어 붐이 최고조였을 때인데 무척 냉정한 분이라고 생각했다.

CNC나 하이테크 로봇 제품으로 잘 알려진 파낙의 이나바(稻葉) 사장이 연구실의 도서실을 정리했다고 들었다. 「타인의 정보에 의존한다면 새로운 발견은 없다. 스스로 생각하라」라는 교훈이 들어 있는 것이다.

일을 하기 위해 정보를 모으는 것은 매우 중요하다. 그러나 창조성이라는 것은 다른 사람의 정보를 모으는 것만으로 끝나지 않는다. 이것이 요점이다.

멀티미디어나 인터넷을 사용해 정보를 모으는 것은 중요하지만, 새로운 것의 창조는 혼자 실험한다거나 설계하거나 토론하거나 골똘히 궁리하면서 타인과 다른 것을 발견할 때 가능하다. 「창조성」이라는 것은 혼자서 할 수밖에 없는 것이다.

신문을 읽거나, 인터넷에서 정보를 교환하거나, 공부를 하거나 하는 것은 왼쪽 뇌에서 하는 것이다. 그에 비해 오른쪽 뇌는 순간 순간 번뜩이는 재치와 감각을 담당한다. 여러 가지 정보는 취할 필요가 있지만, 그보다는 광적인 집념으로 연구에 빠져들어 최후에 『앗!』하고 번쩍 떠오르는 것이 더 중요하다. 그것을 위해서는 극도의 집중력이나 광적인 상태 등이 필요조건이다.

미야기(宮城音弥)는 《천재(天才)》(岩波書店)에서 『천재는 수재는 아니지만 집념이라든가 집중력이 대단한 사람을 가리킨다』라고 말하고 있다.

대단한 발명을 한 선배 등을 보더라도 모두 돌진형으로, 대단한 집중력을 가지고 있다. 집중력은 체력이 관건이기 때문에 그와 같은 사람들은 모두 건강하고 장수한다. 빌 게이츠도 사색 중에는 잠을 자지 않고 골몰한다고 한다. 그와 같은 것은 정보화 시대의 창조라는 점에서 매우 중요하다.

교세라의 이나모리도 커다란 프로젝트를 제안받았을 때에는 연구에 몰입해서 광적인 상태가 된다고 한다. 그 저돌적인 상태에서 뭔가가 번쩍 떠오르는 것이다. 혼다도 『깊이 빠져들어서 더 이상 어떻게 할 수 없을 때 아이디어가 나온다』라고 말하고 있다.

유카와 히데키(湯川秀樹)는 자고 있을 때 중간자 이론이 떠올랐다고 한다. 그러나 머리로 아무것도 생각하지 않은 것은 아니다. 잠만 자면 되는 것이 아니라, 그 전의 계속적인 고민과 답답함 속에서 발상이 떠오르는 것이다.

학자로 기술적인 성과를 올린 사람은 현장에 나와서도 돌진형으로 연구한다. 최근 대학교수들은 손수 실험하는 일이 별로 없는데, 이런 식으로는 뛰어난 발견이나 발명이 이루어지기 어렵다. 실험을 통해 몸을 움직여 만드는 것 또는 직접 현장에 나가서 정보를 수집하는 것이 중요하다.

벤처 성공의 세번째 조건은 「설득력」이다. 이것이 없으면 안 된다. 벤처 비즈니스 설립 자금을 모집할 때도, 고객에게 물건을 팔 때도 설득력이 열쇠가 된다.

더불어 물건을 팔 때에는 누가 결정권을 가지고 있는지 파악하는 것이 중요하다. 지위가 높지는 않아도 결정적인 역할을 하는 사람이 있게 마련이다. 이것을 회의 중에 파악해서 설득하는 것이다.

네번째는 「사람 다루기」이다. 이것 또한 벤처 비즈니스에서 성공하기 위해 필요한 사항 중 하나이다. 중소기업 중에서 성공한 회사를 보면 사람을 다루는 방법이 매우 능숙함을 알 수 있다. 조그마한 회사에서는 경영자가 인간적인 면으로 대우하는 것이야말로 최고의 인사 정책이다.

다섯번째는 「포기하는 것」. 이것도 중요하다고 할 수 있다. 전망이 없는 것은 언제든지 미련 없이 그만두는 체념이 중요하다. 특정한 것에 집념을 가지고 최후까지 밀고 나가다가 실패해버린다면 의미가 없는 것이다. 가능성이 없다고 생각되는 것은 확실하게 그만둬야 한다. 소니 연구소의 하토야마(鳩山) 초대소장으로부터 『연구에는 안 된다고 판단되면 깨끗하게 포기해버리는 판단이 중요합니다』라는 말을 들은 적이 있다.

소니에서는 버리거나 포기하는 일이 자유롭다. 그렇기 때문에 집중이 잘 된다. 이부카(井深)가 트랜지스터 라디오, 이와마(岩間)가 컬러 텔레비전, 모리타(盛田)가 VTR, 오가(大賀)가 CD에 집중했기 때문에 좋은 결과를 얻은 것이다.

정보를 재구성하는 「전환」의 발상

여섯번째는 「역설지향」이다. 나는 5번이나 직업을 바꾸었다. 거기에서 나는 「돌아가는 것이 빠를 때가 있다. 그것이 인생이다」라는 것을 깨달았다. 미쓰비시 종합연구소에서의 경험에서 말할 수 있는 것은 주먹구구식 사고방식이 중요하다는 것이다. 노구치 유키오(野口悠紀雄)의 베스트셀러 《초학습법(「超」勉強法)》을 읽으면 공부방법의 원칙 중 전체에서 이해하는 「새의 눈」이라는 방법이 있는데, 이것과도 일맥상통하는 사고방식이다.

다만, 기승전결의 「전」은 필요 없다고 씌여 있는 것에 대해서는 다르게 생각한다. 두뇌 집단의 경우 기승전결의 「전」이 특히 중요하다. 정보사회라고 해서 정보만 모으면 되는 것이 아니라, 정보를 독자적인 시점에서 재구성하며 역설을 불어넣어야 한다.

가장 일반적인 기승전결이라는 스타일에 따르면 「기」라고 하는 것은 시작이다. 「무엇을 목적으로 해서 어떻게 진행시켜가는가」이다. 「승」은 실험이나 조사 결과를 서술해가는 것이다. 마지막의 「결」은 끝을 의미하는 것으로, 결론을 내린다. 그 전에 「전」이라는 것이 중요하다. 이 「전」의 부분에서 독자적인 관점이나 견해, 자신의 의견을 전개해가야 한다.

어떤 우수한 분석이라도 일반과 다른 발상이 아니면 안 된다. 내가 집필한 책 《역설 일본산업론(逆說日本産業論)》, 《미래산업을 잘못 보고 있지는 않는가?(未來産業を見誤っていないか)》, 《초엔고 환영론(超円高歡迎論)》 등은 그러한 관점에서 쓴 이론이다. 역설이란 「모순처럼 보여도 실은 바른 의견」인 것이다.

예를 들면 지금 불량채권이 매우 많다고 알려져 있다. 40조 엔의 불량채권이 있다고 하면 40조 엔의 돈이 일본을 빠져나가서 어딘가에 있다고 생각할지도 모르지만, 실상은 그렇지 않다. 정치가인 W씨가 5억 엔으로 고가네이(小金井) 컨트리클럽의 골프 회원권을 사서 4억 엔의 손해를 봤다는 말을 들었다. 그러나 5억 엔에 고가네이(小金井) 컨트리클럽의 골프 회원권을 판 사람이 어딘가에 반드시 있을 것이다. 그 사람은 지금 기분이 무척 좋을 것이다.

세상에서 여러 가지 일이 일어날 때 손해를 보는 사람이 있는가 하면 반대로 이득을 보는 사람이 있다. 그렇기 때문에 사회라는 울타리 안에서 본다면 그 합은 제로이다. 거품 경제에서 말하자면 득을 얻은 곳 가운데 하나로 세무서를 들 수 있다. 거품 경제 기간에는 엄청난 세금 수입이 있게 마련이다. 그렇기 때문에 도쿄도 크고 멋진 도청을 건축할 수 있었던 것이다.

내 친구 중에서도 이득을 본 사람이 있다. 그는 시나카와(品川區)의 미타(三田)에 빌딩을 가지고 있고 1층 식료품점을 운영하고 있었다. 거품 경제가 시작되었을 때 몇 번이나 토지를 팔라는 말이 있었지만 그는 귀를 기울이지 않았다. 그러다가 거품 경제가 막바지일 때 지역개발을 완성시키기 위해 토지와 건물을 팔았다.

그 돈으로 주식을 사려고 했는데 『주식은 반값으로 떨어질 것이다』라는 만류를 듣고 전액을 은행에 예금했다. 그 후 주식이 폭락하고 땅값이 떨어지기 시작했는데, 지금도 계속되고 있다.

결국 거품 경제가 한창일 때 주식이나 토지를 산 사람들이 많은데, 그 때 판 사람은 돈을 벌었다. 손해를 본 사람은 대성통곡을 했겠지만, 득을 본 사람은 대거가 침묵하고 있다. 이러한 일은 기업도 공공단체도 마찬가지이다. 플러스와 마이너스의 합계는 제로이다.

엔고 현상에서도 같은 일이 일어난다. 손해를 본 기업만이 부각되고 있는데 원자재를 산 기업은 엔고에 의해 지불할 금액이 줄어들어 확실하게 이익을 얻는다. 그러므로 손해를 본다는 말만 들으면 전체의 모습을 보지 못하고 잘못된 판단을 하게 된다.

통설에 대해 「의심」을 품어보는 발상의 「전환」이 필요한 시기이다.

「사람」과 「기술」, 어느 쪽을 신용하는가?

일곱번째는 「권한 위임」으로 이것도 매우 중요하다. 5명으로 이루어진 벤처 비즈니스로 출발한 미쓰비시 종합연구소도 처음에는 적자였다. 그러나 연구실 단위로 스스로 주문을 받는 시스템으로 교체한 후 흑자로 돌아섰다. 「자립자조」의 책임감을 갖게 했기 때문이다.

나사(NASA)에 갔을 때의 일이다. 웨브라는 장관이 연구 방식의 하나로 PBD(Package Break Down)에 대해서 언급했다. 이

방식은 먼저 『이것은 당신에게 맡기겠습니다. 당신이 책임을 지십시오』라고 대폭적으로 권한을 위임하는 것이다.

그리고 외부에서 FAME(Forecasts and Appraisals for Management Evaluation)이라는 유명한 관리 시스템으로 예측관리를 한다. 예를 들면 100개의 프로젝트 중 특히 완성이 더딘 몇 개의 연구 프로젝트를 지원하는 것이다. 중요한 것은 그와 같은 방법을 도입해 부하에게 완수감과 참여 의식을 준다는 것이다.

실리콘 밸리를 만든 아서 록이라는 전설적인 벤처 캐피털리스트가 있다. 그 록이 페어차일드(Fairchild)사에 아이디어를 냈을 때 페어차일드는 즉각 그 아이디어를 채용했다. 록은 그 때까지 사실 30여 개사에서 거절당했었다. 벤처기업을 평가하는 것은 어려운 일이다.

일반적으로 벤처 캐피털의 경영에는 기술에 어두운 회사와 인물에 어두운 회사 두 종류가 있다고 알려져 있다. 인물에 어두운 회사는 기술을 살 때 그 기술이 좋아서 돈을 내는 것이다. 그리고 그 사업이 잘 되어가지 않으면 새로운 경영자를 고용한다. 그와 같은 벤처 캐피털은 대개 잘 안 된다.

「기술에는 어둡지만 인물에는 흥미가 있다」라는 벤처 캐피털리스트 쪽이 성공하고 있는 예가 많은데, 그와 같은 벤처 캐피털리스트가 인물을 보는 결정적인 방법에는 세 가지가 있다고 말한다.

첫번째로 「정직」이다. 당연한 일이지만 이것은 매우 중요하다. 안 될 때에는 안 된다고 확실하게 말해줘야 한다.

두번째는 「에너지」와 「마력」이다. 주말도 마다하지 않고 하루

24시간 일하고 다음날 해외로 출장을 가야 할 때도 기내에서 착실히 준비하는 자세가 필요하다. 그 정도의 에너지가 없으면 벤처 비즈니스에 뛰어들지 말아야 할 것이다.

세번째는 「집중력」이다. 곁눈질하지 않고 외곬으로 밀고 나가는 추진력, 목표를 향해 일직선으로 나아가는 힘이다.

결론을 말하자면 기술에는 어두워도 인간만 좋으면 비전이 있다는 뜻이다. 역으로 인간을 보지 않고 기술만을 보는 것은 가장 좋지 않다.

좋은 아이디어와 상품화 기술

내 자신을 돌이켜보면 좋은 아이디어를 낼 때에는 먼저 정보 수집을 하고 실험을 철저히 한다. 그리고 그것을 기본부터 철저하게 다듬어갈 때 수집한 정보나 실험이 숙성되어 아이디어가 되는 것이다.

어느 우수한 수학자가 이렇게 말했다.

『2주 정도는 먹지도, 마시지도 않고 생각한다. 그렇게 골몰하다가 산책을 하거나, 친구를 만났을 때 우연히 문제가 해결된다.』

극도의 집중력으로 왼쪽 뇌를 철저하게 써버리고 그 집중으로부터 해방되어 오른쪽 뇌가 번뜩이는 상태일 때 문제가 해결되는 것이다.

그런데 요즘 아이디어를 내기 위한 비장의 방법에 대해 쓴 책들을 읽어보면 브레인 스토밍(brain storming)을 하라든지 시네틱스법(의인법과 같은 발상법)으로 하라는 등 사고의 개방 쪽만 다루고 있다. 그러나 개방에 앞서 철저히 파고들지 않으면 안 된다. 그러한 내용은 명확하게 쓰여 있지 않다.

벤처 비즈니스에서도 아이디어를 내는 방법은 매우 중요하다. 많은 사람들은 벤처 비즈니스라고 하면 청바지를 입고 화초와 화분이 가득한 전망 좋은 개방형 사무실에서 원하는 시간에 좋아하는 일만 하는 것이라는 이미지를 떠올린다. 이것은 아이디어를 내는 메커니즘으로 말하자면 개방의 부분일 따름이다. 그와 같은 개방적인 내용에 앞서 미친 듯이 집중하는 힘이 필요하다. 이 두 가지가 모두 갖추어져야 한다.

게다가 그렇게 해서 만들어낸 획기적인 아이디어를 상품으로까지 실현시키지 않으면 안 된다. 상품으로 완성되기까지「마무리해 가는 단계」는 매우 중요하다. 이 단계가 연구 발상의 단계보다 오히려 더 큰 작업이라고 말할 수 있다.

연구자형인 훌륭한 벤처 기업가가 실패하는 것은 그 발상을 상품으로 만들고 궤도화하는 능력에 결함이 있기 때문이다.「경영력 부족」은 치명적이다.

MIT · 인텔 · 실리콘 밸리의 감각

— 강동우 —

「장난」을 해라

돌이켜보면 나는 여러 가지 형태로 벤처 비즈니스에 관여해왔다. 그 시작은 MIT에서의 경흔으로 거슬러올라간다. 현재 MIT는 연구개발비, 특허권 등록 수, 그리고 기업가 배출 수만 봐도 미국의 선두 벤처 육성기관이라고 해도 과언이 아니다. 그 인프라 면에 대해서는 후에 설명하기로 하겠다.

MIT의 학생들은 정말로 장난을 좋아한다. 게다가 우리 동양인들과 비교하면 스케일도 다르다.

MIT의 정문은 돔으로 되어 있는데, 그 위에 활차를 사용해서 소를 올려놓은 적이 있었다. 또 어떤 때는 인터넷의 전신인 아파넷(Arpanet)에 침입해서 교수의 파일 안에 있는 숙제의 해답을 찾아 냈던 적도 있다. 그러한 장난이 한편으로는 어처구니없게 생각될지도 모르지만, 실행하기 위해서는 상당한 기술이 필요하다. 그러한 기상천외한 「장난기」는 기술뿐만 아니라 기업에도 중요한 것이 아닐까 생각한다.

내가 인텔에 입사한 1979년경 인텔은 지금의 20분의 1 정도의 크기였다. 그래도 그 때 5억 달러의 매출액을 올리고 있었다. 지금은 100억 달러가 넘는 매출액을 올리는 회사로 성장했다. 『매출액이 5억 달러를 넘는 회사는 이미 벤처 비즈니스가 아니다』라는 의견도 있는데, 인텔은 그 이후로도 여러 가지 새로운 사업을 벌여갔다.

그 여러 가지 제품이나 그룹이 사내 벤처로 무일푼에서 시작해 점차 커져가는 과정이나 쇠퇴해가는 것을 보았다.

나는 마이크로 프로세서를 비롯한 여러 가지 신제품에 관계했는데, 특히 인상에 남는 것은 마이크로 프로세서를 사용하기 위해 필요한 개발 시스템 사업에 관여했던 경험이다. 마이크로 프로세서를 퍼스널 컴퓨터나 가전제품 등에 실제로 집어넣는 시스템 설계를 하는 것이었다. 지금 인텔 시스템 사업부는 10억 달러를 넘을 정도로 크게 성장했는데, 당시는 없는 것이나 다름없는 상태였다. 그 밖에도 팩스 보드 등 퍼스널 컴퓨터의 확장부품이나 최근 각광받고 있는 병렬형 슈퍼 컴퓨터 등의 사내 벤처에도 깊이 관여했다.

그 후 독립해서 컨설팅업을 무의 상태에서 시작했다. 의뢰인 중에는 대기업도 많다. 그들의 요구에 따라 벤처기업에 대해 몰두해 컨설팅을 하고 있는 경우도 적지 않다.

벤처의 「3P」를 파악하라

그러한 체험에서 얻은 것은, 벤처에는 세 개의 포인트가 있다는 것이다. 미국에서는 그 세 개의 포인트를 3P라고 부른다. 3P는 사람(People), 제품(Product), 계획(Plan)의 머리글자이다. 사람과 제품과 계획이 벤처의 포인트이다.

그 첫번째인 사람에 대해서는 마키노 선생이 말한 대로이다. 실리콘 밸리에서 많은 사람들을 보고 깨달은 것은 벤처 비즈니스를 성공시키기 위해서는 여러 가지 요소가 필요하기 때문에 혼자서 모든 것을 맡아서 한다는 것은 있을 수 없다는 점이었다. 벤처 비즈니스를 성공시키기 위해 필요한 요소를 모아 자신의 능력을 보조해주는 팀을 만드는 것이 매우 중요하다.

그것은 인텔이나 애플을 보면 명확히 알 수 있다. 양사 모두 세 사람이 만든 회사이다. 인텔은 고든 무어, 로버트 노이스, 앤디 그로브 세 명이 만든 회사이다. 그러다가 노이스가 유감스럽게도 세상을 달리하게 되어 크레이그 바렛을 영입했다. 애플도 처음에는 조브스와 워즈니악과 마크라, 세 명이 시작했다. 지금은 조브스와 워즈니악이 그만뒀는데 처음에는 세 명이 각각 역할 분담을 해서 시작했다.

세 명이 어떻게 역할 분담을 했을까? 인텔의 경우는 무어가 기술 전략을, 노이스가 미래 구상을 하고, 그리고 그로브가 사내 업무를 꾸려갔다. 컴팩이나 선 마이크로시스템스도 대개 그와 같이 해가고 있다고 한다.

휴렛팩커드도 그렇다. 회사 이름에서 알 수 있듯이 휴렛과 팩커드가 각각 분담된 역할을 담당해간다.

이런 식으로 머리가 결정되면 차례로 하부 조직을 만든다. 이때 중요한 것은 그 조직이 사명감을 가지고 비전을 공유하는 것이다.

기업을 활성화하는 「오픈 북 경영」

지금 미국에서는 「오픈 북 경영(Open Book Management)」이라는 새로운 개념이 등장해서 책으로 나왔다. 이것은 간단하게 말하면 시험 볼 때 책을 가지고 들어가서 봐도 상관 없다는 것이다.

나는 미국에서 MIT를 졸업했는데, 이 대학이 일본 대학과 크게 달랐던 것은 시험 때 책을 가지고 들어가는 것이 허락된다는 점이었다. 오픈 북 시험으로, 여러 권의 책을 가지고 들어가도 상관없다. 그렇기 때문에 일본에서처럼 모든 것을 전부 암기할 필요가 없었다.

시험을 치를 때 책을 봐도 상관 없다. 그러나 머리를 써서 자신만의 의견을 짜내어 답안을 작성하지 않으면 안 된다. 생각해보면 사회에 나가서 실제로 일을 하게 되면 이러한 일이 자주 일어나기 때문에, 이 시험 방법은 무척 합리적인 셈이다.

「오픈 북 경영」은 그 오픈 북 시험과 일맥상통한다. 이제까지의 경영은 이익·손실을 비롯한 경영상태를 나타내는 지수에 대해서는 최고의 경영진이나 임원회는 잘 알고 있는 데 비해 그 아랫사람들은 잘 몰랐다. 이제는 그와 같은 지수를 경영 비밀로 하는 것이 아니라, 중요한 지수를 전부 개방해서 회사 상황을 모두에게 보여주자는 것이 「오픈 북 경영」의 첫번째 포인트이다.

두번째로는 그 회사의 종업원이 자신의 행동을 그 지수에 연결시켜가는 것이다. 이익률이나 시장 점유율, 성장 등의 지수에 자신의 행동을 끊임없이 관련지어 간다.

세번째는 그와 같이 해서 결부된 정도에 따라 보수가 다르게 책정되는 시스템이다.

이상의 세 가지가 「오픈 북 경영」의 요점이다. 이러한 「오픈 북 경영」이 도입됨에 따라, 특히 중소기업에서는 최고경영자부터 말단 종업원에 이르기까지 동일한 가치관이나 사명감, 그리고 비전을 공유하게 된다. 안팎으로 여러 가지 장해가 있고 비즈니스를 성공시키기 위한 중요한 정보가 충분히 유통되지 않는 소규모 회사에는 꼭 이 「오픈 북 경영」 도입을 권하고 싶다.

사업의 생사를 결정짓는 「산업 기준」

앞에서 언급한 3P에서 오픈 북 경영은 사람에 해당되는 것인데, 제품에 대해서는 포인트 프로덕트로 끝내서는 안 되는 키 포인트가 있다.

실리콘 밸리의 예에서 보면 아이디어를 내서 하나의 제품을 개발하기까지는 순조로운 편이다. 그것을 포인트 프로덕트라 하는데, 문제는 그 다음이다. 한 가지 제품 개발에만 온 신경을 집중한 결과 그 다음 과정이 좀처럼 잘 진행되지 않아 회사가 곤란을 겪는 경우가 있다. 베스트셀러를 한 권 내고서는 그냥 사라져 버리는 일이 실리콘 밸리에서도 일어나고 있는 것이다.

특히 기술분야에서는 독자적인 아이디어도 중요하지만, 기존의 산업 기준(de facto standard)이라고 불리는 업계의 기준도 중요하다. 예를 들어 어떤 우수한 아이디어가 있어도 그것이 제품화될 때 기존의 기준에 맞지 않으면 하이테크 분야에서는 반드시 실패한다.

1981년 IBM이 퍼스널 컴퓨터를 만들어냈다. 이 퍼스널 컴퓨터가 호평을 받자, 다수의 벤처기업들이 벤처 캐피털의 투자를 받아 IBM 규격에 맞춰 퍼스널 컴퓨터를 만들었다. 그런데 그 제품의 대다수는 IBM 퍼스널 컴퓨터와의 호환성이 99%밖에 되지 않았다. 그래서 워드 프로세서 소프트웨어를 넣으면 매번 문서가 이상하게 되고, 표계산 소프트웨어를 넣으면 에러가 발생하곤 했다.

그 때는 미국의 벤처 캐피털도 아직 경험이 없었기 때문에 그와 같은 실패를 했던 것이다. 우리는 이 실패의 경험에서 기술 면에서 아무리 우수해도 업계의 표준, 그리고 그것이 정의되는 과정도 무시할 수 없다는 것을 알 수 있다. 이것은 최근 멀티미디어 플랫폼 형성에 관한 논의에도 적용될 것이다.

인텔을 성공시킨 위치설정

제품이 시장에서 차지하는 위치를 부여하는 것은 대단히 중요하다. 그 위치설정(positioning)에 대해서는 두 가지 축이 있다.

하나는 그 제품의 판매 방법에 관한 것이다. 예를 들어 아무리 좋은 아이디어를 가지고 좋은 제품을 만들었다고 해도 그것을 시장의 어떠한 위치에 내놓느냐에 따라서 매출에 상당한 차이가 생긴다. 아무리 우수한 제품이라도 시장 내에서 위치부여가 틀리면 그 제품은 팔리지 않는다.

두번째로는 시간상(타이밍)의 문제가 있다. 아이디어를 확립한 단계나 처음으로 사업을 착수한 단계와 실제로 그 상품을 시장에 내놓는 단계는 시간적으로 어긋나는 것이 보통이다. 게다가 그 동안에도 시장은 계속 움직인다. 따라서 상품의 위치설정은 유연성을 가지고 정하는 것이 좋다. 일단 결정된 것이니까 변경하지 말고 분발하자고 하면 반드시 실패한다.

실례를 살펴보자. 지금은 펜티엄(586)이 일반적인데, 이것은 인텔의 86패밀리로 거슬러올라간다. 「퍼스널 컴퓨터＝인텔의 86패밀리」라고 해도 과언은 아니었다. 지금 돌이켜보면 이 86에 불을 붙인 것은 IBM이었다. IBM이 1981년 독자적으로 퍼스널 컴퓨터를 만들었을 때 그 핵으로 8088이라는 칩을 사용했다. 그로 인해 8088이 별안간 급부상하게 되었는데, 그 때까지 이 칩은 인텔 안에서도 그다지 인기가 없었다.

이 8088은 8086이라는 16비트의 외부 베이스를 가지고 있는 칩인 8비트 판이었다. 그 때문에 8086과 8088은 비트 수가 다른 쌍둥이 제품으로 간주되어 인기가 없었다.

그런데 IBM이 저가의 마더 보드(회로기반)를 만들면서 베이스 폭이 8비트인 것이 장점인 인텔의 8088을 채용하고부터는 사정이 크게 달라졌다. 그 후 인텔의 펜티엄이나 펜티엄 프로가 큰

활약을 하게 되었는데, 인텔의 오늘을 있게 한 것이 바로 8088이
었다.

　IBM이 사용하기 전의 8088과 사용한 후의 8088은 같은것임에도
불구하고 매출액에서 큰 차이가 났다. 같은 하나의 칩이라도 개념
이나 위치설정에 따라 그 제품의 운명이 크게 변하는 것이다.

실리콘 밸리의 쓰라린 경험—오스본 이펙트

　계획에서 「현금자본의 중요성」은 말할 필요도 없다. 플로피 디
스크 드라이브(floppy disk drive)로 일약 유명해진 슈거트도 『자
금이 중요하다. 기업가에게 자금은 자신의 어머니보다 더 중요하
다』라고 말하고 있다.

　실리콘 밸리를 보고 있으면 슈거트의 지적에 쉽게 수긍할 수 있
다. 맹렬한 기세로 신장해서 충분히 돈을 모은 벤처라도 자금 관
리가 좋지 않은 곳은 흑자 도산을 하고 있기 때문이다. 수치상으
로는 돈을 모으고 있어도 실제로 쓸 수 있는 운전 자금이 없다면
그것으로 게임은 끝난 것이다. 그와 같은 벤처 비즈니스가 의외로
많이 있다.

　실리콘 밸리에는 「오스본 이펙트」라고 불리는 현상이 있다. 이
것은 아담 오스본이라는 실제 인물의 이름에서 비롯된 것이다. 아
담 오스본은 트랜스포터블이라는 컨셉트의 오스본 컴퓨터를 만들
었는데 경쟁제품이 계속 나오게 되자, 더 빨리 신제품을 만들지
않으면 안 되었다. 그래서 아직 형태가 만들어지지 않은 제품을
사전에 발표해버렸다.

그 결과 다음의 새로운 제품이 발매될 때까지 기존 제품의 수요가 사라져 버렸다. 매상이 없어지자, 수입도 없어져 순식간에 현금이 바닥나서 도산해버리고 달았다.

이와 같은 오스본의 실패를 거울삼아 그 이후 실리콘 밸리에서는 신제품을 선보일 때는 반드시 그 직전이 아니면 새로운 것을 낸다는 발표를 하지 않게 되었다.

간단한 컨셉트야말로 성공의 조건

비즈니스 계획에 대해서 생각해보자.

미국에는 주로 벤처 정보를 게재하고 있는 〈INC 매거진〉이라는 잡지가 있다. 〈INC 매거진〉에서는 포천 500사와 같은 스타일로 연간 매상 20만 달러 이상의 높은 성장률을 기록하고 있는 벤처기업 500사를 발표하고 있다.

그 INC 500개 회사에서 아이디어를 내고 비즈니스 계획을 수립하기까지의 기간을 계산해보면 평균 8개월 가량이 걸림을 알 수 있다. 그러므로 대기업을 그만두고 나서 벤처 계획을 세우는 것이 아니라는 사실을 알 수 있다.

대부분의 경우 대기업에 재직하고 있는 동안 많은 준비를 하고 있으며 벤처 비즈니스가 실제로 시작하기 직전에 회사를 그만둔다고 할 수 있다.

벤처 비즈니스 계획에 대해 또 하나 말할 수 있는 것은 매우 간단한 개념이 아니면 안 된다는 것이다.

벤처기업이 탄생해서 사업을 새롭게 시작하려 할 때에는 브랜

INC 500개 사 가운데 스톡 옵션 제도를 도입하고 있는 기업의 비율

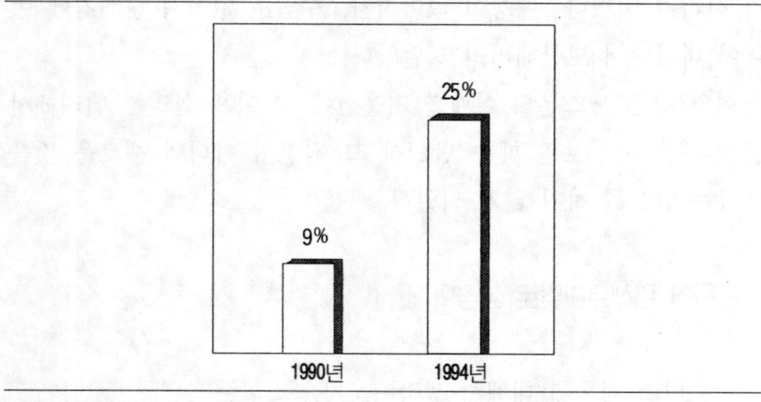

자료 : INC 매거진

드 이미지도 없고, 아무것도 없다. 그러므로 무엇인가를 할 때마다 하나하나 설명하지 않으면 안 된다. 몇백 번 몇천 번씩 자신의 회사는 이와 같은 것을 하고 있다고 설명해야 하므로, 될 수 있는 한 이해하기 쉽고 간단하게 자신의 사업 개념을 설명할 수 있어야 한다.

마지막으로 탈샐러리맨을 목표로 하는 사람에게 특히 당부하고자 하는 말이 있다. 홧김에 사표를 쓰고 나서 벤처 비즈니스를 생각해서는 안 된다는 것이다. 자기 자신의 사업 계획을 생각하는 도중에 다른 곳으로 옮긴다든지 독립한다는 계획은 미리부터 생각해두는 것이 좋다.

나도 인텔을 떠나서 컨설턴트가 되었을 때 2년 전부터 새로운 방향에 대해 생각에 생각을 거듭했다. 주말이나 밤마다 어떻게 하면 좋을까에 대해 계속 생각했던 것이다. 가족이나 잘 아는 사람과 상담을 하며, 될 수 있는 한 완전하게 준비해서 독립해야 한다.

벤처 비즈니스의 목표는 마이크로 니치

이제는 마케팅의 중요성을 재인식할 때라고 생각한다. 마케팅이라는 것도 미국에서 건너온 개념이다. 현재 마케팅의 최전선에서 화제가 되고 있는 것이 세 가지 있다.

① 마이크로 니치(micro niche)
② 다이렉트 마케팅(direct marketing)
③ 네트워킹을 어떻게 비즈니스로 만드는가?

마이크로 니치라는 것은, 고객이 원하는 것을 정확하게 겨냥해서 그것을 목표로 자신이 제공해가는 서비스나 물건을 최적화한다는 사고 방식이다.

미국이나 일본이나 요즘은 고객들의 욕구가 무척 다양화되고 있다. 퍼스널 컴퓨터 하나, 텔레비전 하나를 산다 해도 가족 안에서 의견이 갈라지는 시대이다.

그와 같은 와중에 구미에서는 비즈니스맨들만을 대상으로 한 호텔도 생겨나기 시작하고 있다.

일본에서 비즈니스 호텔이라면 요금이 그다지 비싸지 않은 호텔을 말하는데, 그와 달리 진짜로 비즈니스맨을 위한 호텔이라는 개념의 새로운 호텔이 생기기 시작하고 있는 것이다.

이러한 비즈니스 호텔의 특징은, 모뎀이 설치되어 있는 방, 완벽하게 갖추어져 있는 자동응답 시스템, 그리고 충실한 비즈니스 센터를 들 수 있다. 비즈니스를 위한 특수층에는 실제로 비서가 있어서 커피 등을 가져다 주기도 한다.

또한 비즈니스맨들은 매우 이른 시간에 아침식사를 하는데, 이를 위해 비즈니스 플로어에 아침 일찍 뷔페가 준비되어 간단한 식사 후 외출할 수 있게 되어 있다. 그뿐 아니라 음식을 싸가지고 나가서 차 안에서 먹을 수도 있다.

고객의 충성심을 유발한다

영국 항공은 고객에 따라 다른 서비스를 제공하고 있으며, 또 그래야 한다고 생각한다. 자고 싶은 사람에게는 호텔이 되어주고, 다른 사람에게는 풀코스의 식사를 즐길 수 있는 레스토랑이 되어준다. 어떤 사람에게 비행기는 극장이기도 한다. 일본에서 유럽으로 갈 때에는 영화를 볼 수 있다.

이렇듯 다양한 요구를 충실히 수용해 최상의 서비스를 제공하려는 방향으로 계속 변화하고 있다.

버진 항공회사는 완전히 비즈니스맨을 대상으로 한 비즈니스 클래스를 확장하고, 이것을 어떻게 하면 퍼스트 클래스에 가깝게 만들 수 있을지 고민하고 있다.

미국에는 탈장(헤르니아)만을 전문으로 수술하는 병원이 있다. 일본에서는 내과·외과·산부인과·이비인후과처럼 과로 분류하고 있다. 그런데 이 병원에서는 헤르니아라는 병만을 취급하고 있는 것이다.

헤르니아만을 전문으로 하고 있기 때문에 전신마취의 필요도 없고 휠체어도 필요 없기 때문에 계단 등도 넓지 않다. 게다가 의사는 헤르니아 수술만 하게 되어 헤르니아 수술에 관한 노하우가 상당한 정도로 축적되어 있다. 간호사도 헤르니아에 관한 전문 서비스가 숙달되어 있다.

이러한 병원의 장점이 미국 전역에 퍼져 광고를 내지 않아도 환자가 몰려들고 있다.

로스앤젤레스의 서쪽, 태평양을 마주한 곳에 카타레나 아일랜드가 있다. 이 섬에는 정년 퇴임을 한 사람들이 많이 모여살고 있다. 이 곳에 이들을 의식한 은행이 생겼다. 창구에는 평판이 좋은 행원을 배치해 노인들의 좋은 말벗이 되어주는 등 실로 세세한 배려를 여기저기에서 느끼게 한다.

그 은행이 카타레나 아일랜드에서 번성한 것은 당연한 일이었다. 2년도 되지 않아 그 은행이 생기기 전부터 있었던 다른 경쟁은행이 문을 닫았다. 결정적인 요인은 새 은행이 실시한 예금자 방문 서비스 때문이었다. 미국에서는 ATM 등이 널리 퍼져 자동화가 완전히 이루어졌는데, 그 카타레나 아일랜드의 은행은 과감히 그 풍조에 역행해 예금자의 집을 방문해서 예금을 받았던 것이다.

그처럼 어떤 한정된 특정 목표의 고객에게 특별 서비스를 하는 것이 마이크로 니치의 사고 방식이다.

마이크로 니치의 마케팅에서 중요한 또 다른 포인트는 고객의 충성심을 유발하는 프로그램을 만드는 것이다. 그렇게 하지 않으면 신규 참여자가 생긴다. 그러므로 항공회사나 호텔 등이 실시하고 있는 고객 충성 프로그램(customer loyalty program)을 만들 필요성이 있다.

얼마 전만 해도 미국 기업의 서비스는 그리 좋은 편이 아니었다. 그러나 최근 들어 그러한 모습이 많이 바뀌고 있다. 불량품 교환 요구에 대해서는 두말하지 않고 바로 교환해준다든가, 보증 기간이 3년이나 지난 것도 수리해준다. 크로스의 볼펜처럼 영구보증을 표방하는 상품도 나오기 시작하고 있다.

다이렉트 마케팅에 의한 유통변화

쓰꾸바(筑波)에 포도주를 좋아하는 사람이 경영하는 주점이 있다. 원래는 일본술이 많이 있었는데, 그것들을 한쪽으로 치우고 많은 종류의 포도주들로 장식해놓았다.

그 주인에게 『이렇게 많은 와인이 있는데 마시는 사람이 없으면 어떡하나요 ?』라고 물었다. 그는 『회보지(newsletter)가 있으니까 걱정없습니다』라고 대답했다.

회보지를 전국의 와인 애호가에게 보내 주문이 있으면 택배로 보내는 것이다. 그 상점의 지하는 큰 와인 창고로 되어 있어 보르도 45년산까지도 보관하고 있다고 했다.

그 정도의 물품 주문이 있을 경우, 남의 일이지만 걱정이 되는 것은 대금 회수이다. 『대금을 못 받은 적은 없었습니까 ?』 하고 물었더니 『포도주 좋아하는 사람치고 나쁜 사람은 없답니다』라고 대답했다. 실제로 대금을 회수하지 못한 적이 없다고 한다.

하카타(博多)에 후쿠야(福家)라는 명란젓 가게가 있는데, 이 곳에는 우편 주문도 많다고 한다. DM(direct mail)의 회수율이 18%를 넘을 정도이다. 총매출액에서 우편 주문이 차지하는 비율이 4%를 넘고 있다.

퍼스널 컴퓨터는 대리점에 가서 이모저모 살펴본 다음 사는 것이라 생각하고 있는데, 의외로 퍼스널 컴퓨터의 우편 주문이 일본에서 성공하고 있다. 미국의 퍼스널 컴퓨터 통신판매회사인 델이 일본에 상륙을 했는데 처음에는 누구나 잘 되지 않을 것이라 생각했다. 그러나 성공한 것이다. 그러자 이번에는 같은 퍼스널 컴퓨터 통신판매회사인 게이트웨이 2000이 새로이 생긴 것이다.

인터넷으로 열리는 마케팅 신시대

실리콘 밸리에 위치한 한 포도주 제조회사가 인터넷에 홈페이지를 만들었더니 1개월에 300~400통 정도의 전자우편이 쏟아져 들어왔다고 한다. 같은 일을 DM으로 수주하려면 5,000통 정도의 우편물이 발송해야 한다. 이와 같이 인터넷 상에 점포를 가지는 것을 다운타운 스토어 프런트(Downtown storefront)라고 한다.

사이버 상점이라는 것도 있다. 아직은 초보적인 수준이지만, 가까운 장래에는 3D에서 가상 현실로 진보되어 쇼핑몰 안에 들어가서 돌아다니는 것 같은 체험을 할 수 있게 될 것이다. 그 속의 상점들은 24시간 문을 열고 있음은 말할 것도 없다.

한 커피 판매회사가 동시에 여섯 개의 사이버 상점가에 가맹했다. 그랬더니 1개월에 1,000회의 주문이 들어왔다고 한다. 여섯 개의 사이버 상점가에 가맹하기 위한 비용은 1,000달러였다. 1개월 운영 비용은 수백 달러였다고 한다.

뉴스 그룹을 이용해 마케팅을 할 수도 있다. 뉴스 그룹은 주제별로 모인 곳이어서 매우 효과적이라고 한다. 다만 뉴스 그룹 안에는 취미 그룹일 뿐, 상품판매는 하지 않는 곳도 있기 때문에 주의가 필요하다.

4

성공으로 가는 길

개성을 보완한다 – *마키노*

일본의 과제 – *강동우*

개성을 보완한다

— 마키노 —

파트너십이 벤처 성공의 조건

일본의 벤처 비즈니스에서는 독창적인 아이디어를 가진 회사가 파산하기도 한다. 이것은 대개 좋은 협력자를 만나지 못한 것이 원인인 경우가 많다. 시트 코일을 사용한 소형모터로 유명한 간쿄전기도 학구풍인 사장의 기술자 기질이 투자에 잘못 적용되어 도산한 경우이다.

파트너십(partnership)이라면 소니의 이부카(井深)와 모리타(盛田), 혼다의 혼다(本田)와 후지사와(藤沢) 같은 예를 들 수 있다. 협력자와의 미묘한 균형으로 회사가 큰 발전을 이룩한 것이다.

특히 기술자가 경영에 참여하게 되면 자신의 아이디어에만 몰두한 나머지 설비투자 등에 대한 의사결정을 서슴없이 해버리기도 한다. 그와 같은 오류를 범하지 않게 하기 위해서도 파트너, 특히 영업이나 경영 능력이 있는 협력자를 구하는 것이 벤처 비즈니스에서는 특히 필요하다.

사람 다루는 법

인간이 의욕적으로 활동하는 데에는 일하는 보람과 사명감이 가장 중요한 조건이 된다. 확실한 비전이나 사명감이 있어야 생기가 넘쳐 일하는 것이다. 인간성 심리학을 정립한 마즈로*는 인간으로서 살아가는 보람 중에는 완수감이 중요하다고 말하고 있다.

그 밖에도 「창조성」라는 것이 사명감 내에 있어야 한다. 뇌 안에 전두엽이 있는 것은 인간뿐이고, 인간은 그 전두엽으로 무엇인가를 생각하고 새로운 것을 만들어낸다. 그러므로 창조하는 것은 인간의 기본적인 사명감이고 완수감이라 생각한다.

그 창조와 뗄래야 뗄 수 없는 것이 반응이다. 열심히 일해서 창조한 것에 대해 칭찬과 같은 반응이 있다면 더할 나위 없이 바람직하다. 칭찬을 받기 위해 분발하는 것은 아니지만, 열심히 해서 「참여의식」과 「완수감」을 가질 수 있고 거기에 「좋은 반응」이 있으면, 일 자체가 보람이 될 것이다.

이러한 것은 사람 다루는 법에 달려 있다. 소니의 이부카 회장

---

* 미국을 중심으로 한 현대 심리학에는 세 조류가 있다. 첫번째는 행동주의 · 논리실증주의 심리학이다. 두번째는 정신 분석적 · 역동적 심리학이다. 이 두 분야에 대해서 비판적 · 상호보완적인 심리학을 인간성 심리학이라 부른다. 인간성 심리학에서는 인간을 여러 가지 소질이나 본능 또는 특성으로 환원시키지 않고 자각과 자유의사를 가진 통합된 존재로 간주한다. 그 인간성 심리학의 리더 중 한 명이 에이브러햄 마즈로이고 그 이름을 따서 1962년 「미국 인간성 연구학회」가 생겼다.

과 여행을 한 적이 있었는데, 이 쪽의 말에 바로 반응하며 응답하는 모습이 인상에 남았다. 열중해서 이야기를 들어준다는 느낌을 주었다. 이부카 회장은 호기심도 많은 편이고, 남의 이야기에 풍부하고 예리하게 반응한다.

가미야 미에코(神谷美惠子)가 쓴 《사는 보람(生きがい)》이라는 책이 있다. 그 책에서도 『상대가 있어 반응을 해주고 기뻐해준다. 그것이 가장 중요하다』라고 쓰여 있다.

치밀한 계획 없이는 성공할 수 없다

포인트 프로덕트라는 것은 매우 좋은 말이다. 벤처 비즈니스는 한 번만 히트하고 끝날 가능성이 높다. 그러나 기업이라는 것은 사장 혼자로 끝나는 것이 아니다.

기업은 오래 지속되어가는 것이므로 창업자나 카리스마가 강한 사람이 창업의 역할을 끝마쳤음에도 불구하고 오래도록 그 위치에 앉아 있는 것은 좋지 않다. 벤처 비즈니스를 시작해서 어느 정도 궤도에 이르면 스스로 퇴임하는 것도 중요하다. 그러나 일본에서는 기업이 흔들려도 창업자는 그대로 남아 있다.

경영을 판단하는 데는 현금의 흐름을 보는 것이 첫번째 방법이다. 기업은 경영에 관계하는 여러 가지 표를 만들고 있는데, 요는 현금상태를 잘 살펴봐야 한다는 것이다. 경영이 악화되면 부채가 증가하고 현금이 차지하는 비율이 낮아진다. 대차대조표만 가지고는 경영 실태를 자세히 파악하기 어렵다.

특히 벤처 비즈니스에서는 항상 돈을 쫓아가는 것이 중요하다.

경영에 실패하거나, 사표를 내던진 후에 『이제 어떻게 할까?』하고 생각하는 사람이 의외로 많다. 만약 이런 식으로 벤처 비즈니스를 시작하더라도 그 전에 이미 충분한 계획이 준비되어야 한다. 내가 쓴 《생활설계(生活設計)》(다이아몬드사)에서는 화이트 칼라의 40대 중간관리층을 잉여 인원으로 보았다. 그렇기 때문에 그들이 언제 감원의 대상이 될지도 알 수 없는 일이다. 예를 들어 스스로 회사를 그만둘 마음이 없어도 그만두어야만 하는 경우도 있을 수 있다는 것을 염두에 두고 생활설계를 해야 한다. 이렇게 생각하면 최악의 사태가 일어나도 충격은 적다.

언쟁을 해서 그만둔다고 말하면 뭔가 남자다워 보이겠지만, 그 이후의 생활과 가족들을 생각한다면 급한 성미가 좋은 것은 아니다.

나는 5번 직장을 바꿨지만, 그것은 전부 자연적인 흐름이었다. 대학 시절에 자석을 발명해서 도쿄계기에 다녔던 것은, 그 곳이 대학 때 은사였던 분의 친척이 경영하고 있던 회사였기 때문이었다. 거기에서 자석의 공업화에 성공해 전후 제1호 대미 기술수출을 한 후, 제품의 수명 주기로 인해 공장이 미쓰비시제강에 매각되어 종업원 일부와 함께 자리를 옮겼다.

당시 미쓰비시제강의 자석 품목은 18년 간이나 적자를 거듭해 왔는데 경기 회복과 더불어 1년 반 만에 흑자가 되었다. 덕택에 나는 임원으로 승진되었다. 일본의 기업 사회에서는 발탁 인사라는 케이스가 드물어서 처음에는 따돌림도 당하고 무척 어려웠다.

그러나 점점 경영도 안정되고 동료들과의 관계도 회복되어 안심하고 있던 참에 미쓰비시 종합연구소라는 두뇌 집단을 만들어

창립을 맡아 달라는 부탁을 받고 5,000명이나 되는 회사를 뒤로 한 채 직원이 5명인 회사로 옮긴 것이다.

결국 인생이라는 것은 계획이고 작전이라고 생각한다. 무언가를 하려고 생각하면 치밀하게 계획을 세워 준비해야 한다. 감나무에서 감이 떨어지기만을 기다린다면, 성공은 가까이 오지 않는다.

기술혁신에서 나타나는 미국과 일본의 차이점

하이테크 제품의 무역 수지에서 일본은 1981년 60억 달러, 미국은 40억 달러의 흑자를 기록했다. 1992년 일본은 1,300억 달러의 흑자를 기록했고 미국은 500억 달러의 적자를 기록했다. 이 데이터는 미국 과학심의회의 발표에 기초한 것이다.

하이테크 제품은 매상에 대한 연구개발투자가 큰 비율을 차지하는 제품이다. 자동차는 미들 테크(middle tech)로, 여기에는 들어가지 않는다. 왜 일본이 하이테크 제품 부문에서 강할까?

내 사무실에는 미국 경제단체의 위원장이나 대학교수가 자주 찾아온다. 그들은 이구동성으로『일본은 신제품 개발의 효율이 높은 편이다. 하지만 그것은 모방에 의한 것이 아닌가?』라고 일본을 비난한다. 일본은 자기 스스로는 아무것도 발명하지 않고 외국에서 발명한 것을 이용해 상품화하고 있으므로『무임승차와 같은 행위를 하고 있다』라고 말한다.

그럴 때면 나는『무슨 말씀을 하고 계십니까?』하고 반문한다. 미국에 대해서는 트랜지스터를 예를 들어 설명하는 것이 제일 손쉽다.

『트랜지스터를 발명한 것은 미국이지만, 실용제품은 아무것도 만들어내지 못했지 않습니까?』하고 반문한다. 이어서『일본에서는 그 발명에 대해 많은 투자 비용을 지불해서 기술 도입을 했고, 그렇게 해서 트랜지스터 라디오부터 트랜지스터 텔레비전까지 만들어 세상에 공헌했다. 하이테크 제품의 대부분은 일본이 개발했다』라고 말하는 것이다.

그와 같이 말하면 대개가 수긍하지만, 아직도 잘 못 알아듣겠다는 얼굴을 하는 미국인에게는 VTR을 예로 들어 설명한다.

『VTR을 최초로 만든 것은 미국이라고 말하는데, 그 당시의 VTR은 서랍장과 맞먹을 정도로 엄청난 크기였다. NHK에 가지고 들어갔더니 3~4평 정도의 공간을 차지했다. 그런 VTR을 지갑 크기까지 소형화해서 세계 사람들이 사용할 수 있게 만든 것은 일본이다.』

그리고 CD도 그렇다. CD는 필립스(Philips)사의 아이디어이지만, 그것을 모두가 사용할 수 있도록 상품화한 것은 소니이다. 내가 필립스를 방문했을 때 신제품 개발사업 본부장이 와서『필립스는 아이디어를 내고 소니는 상품화해서 서로 기술을 무상교환하고 있다』라고 말했다.

이 필립스와 소니의 관계야말로 완벽한 협조(give-and-take) 관계라 생각한다. 팩스를 현재 수준까지 두루 대중화한 것도 일본이고 고급 카메라에 AF라는 자동초점장치를 내장한 것도 일본이다. 『우리들로서는 이제 어떻게 할 수가 없다』하고 구미에서 포기한 것을 능숙하게 길러냈으니 이른바 양어머니의 기른 정과도 같다.

이렇게 차근차근 예를 들어 설명하면 모방론을 부르짖던 방문자 거의가 아무 말 못 하고 돌아간다.

즉 미국과 일본의 기술혁신에는 커다란 차이가 있다는 것을 인식하는 자세가 대단히 중요하다. 이것은 미국에는 기술혁신이 있고 일본에는 없다라는 말도 아니며, 미국의 기술혁신은 우수하고 일본은 그렇지 못하다라는 뜻도 아니다. 미국과 일본은 「기술혁신의 질」에 커다란 차이가 있다는 것이다.

간단하게 구분하자면 미국은 창의력(originality) 중시인 「독창형」이라 할 수 있다. 독창형은 물론 대단한 것이지만, 쇼클리처럼 즉시 다른 곳으로 옮겨진다는 결점이 있다. 노벨상을 탈 정도의 능력이 있어도 그것은 어디까지나 개인의 역할에 강하다는 것이고 주위 사람과 협력해서 서로를 세워주는 형은 아니다.

일본에는 이름을 내세울 만큼 탁월한 사람은 없다. 일본에서 우수하다고 할 만한 사람이 나오면 그 사람은 에사키 레오나(江崎玲於奈)처럼 미국에 가서 개인적으로 자유로이 연구하고 싶어한다. 일본에서 『트리니트론 브라운관을 개발한 사람이 누구인가?』라고 물으면 거의 모른다고 답한다. 일본 사회에서는 모두가 모여서 물건을 만든다는 발상 때문에 개인의 이름은 소멸되어 간다. 집단주의인 것이다.

미국의 경우는 철저한 개인주의이다. 이웃 사람은 눈동자의 색도 머리색도 다르다. 그러나 일본은 홋카이도(北海道)에서 오키나와(沖縄)까지 모두 같은 모습이다. 그와 같은 문화의 차이가 있기 때문에 일본에서는 『독창적인 것을 내라』 해도 좀처럼 나오지 않는다. 『모난 돌이 정 맞는다.』 두드러지게 눈에 띄지 않는 것이 바로 일본의 사회문화이다. 이것은 그렇게 간단하게 변하지 않는다.

미국에서는 「독창형」으로, 혼자서 창조해가는 분위기가 자연스럽게 정착되어 있어 노벨상도 받고 새로운 것도 만들어낸다. 일본에서는 모두 하나에 매달리고 협력해서 물건을 만들어가는 「협동창조형」이다. 따라서 전문분야가 다른, 여러 사람들의 힘을 합해 상품화하고, 아이디어를 내면서 만들어가는 것이다.

조금씩 향상시켜가는 개선방식, 즉 「점진적 개량」이 일본의 특징으로 오래 이어져 생산기술에서 발군의 기량을 발휘해온 것이다. 그런데 이제는 이러한 흐름에 아시아로 옮겨갈 것으로 예측된다.

아시아와 미국에 협공당하는 일본의 전략

연구와 개발과 생산으로 나누었을 때 연구 부분은 당분간 미국을 이길 수 없을 것이다. 그러나 개발 부분에서는 일본이 우위를 점하고 있으며, 그 실례는 수없이 많다. 전자기계, 정밀기계 외에 LD용광로나 연속주조라는 철강생산방식의 획기적인 발명도 일본이 도입해서 처음으로 공업생산방식으로 가동한 것이다. 현대 기술은 군사·우주·소프트웨어 등 몇 가지 예외는 있지만 대부분의 상품화는 일본이 먼저 이루었다.

최근 생산 부분은 한국을 비롯해 아시아 각국의 추격이 맹렬해지고 있다. 때때로 추월당하는 경우도 있다. 한국의 삼성이 만든 D-RAM이 일본의 NEC를 추격하는 것은 시간 문제라고 말하고 있다.

일전에 한국과의 기술제휴를 진행한 자동차 업체의 최고 간부와 식사를 했었다. 그는 『옛날에는 확실히 한국 자동차가 그리 좋지 않았지만, 최근에는 기술 향상이 많이 이루어졌다』라고 말했다.

여러 분야에서 한국 기업이 기술이나 품질 면에서 일본을 따라잡는다면 큰일이다. 일본의 땅값은 아시아 각국에 비해 무척 비싸다. 엔고의 탓도 있어 근로자의 봉급도 세계에서 제일 높아 미국의 1.7배, 한국의 3배, 중국의 30배에 달한다.

관공서의 규제도 일본 기업에게 불리해 제조업체들이 해외로 자꾸 빠져나가 역수입되는 일이 늘어난다. 미국과 같은 공동화의 조짐도 보인다.

일본이 양부모로서의 기술혁신을 유지하고 있는 한, 성장은 계속하겠지만 살얼음판을 걷는 심정일 것이다. 컴퓨터를 예로 들어보자. 컴팩과 같은 형태로 미국의 공격을 받고 한국으로부터는 D-RAM으로 추월당하게 되니 협공을 당하는 셈이다. 이제는 국경 없는 경제의 시대가 펼쳐질 것이므로, 앞으로는 한층 더 어려운 상황이 이어질 것이라는 각오가 필요하다.

이러한 이유에서 일본은 높은 수준에 있는 미국의 소프트웨어나 기초연구 쪽으로 나갈 수밖에 없는 것이다. 게다가 앞으로는 지적소유권을 이용해 착실히 벌어들이지 않으면 안 된다. 일본의 과학기술 기본법 등도 그와 같은 배경 아래 만들어진 것이다.

생산도 컴퓨터화·자동화해가는 노력을 하지 않으면 안 된다.

이 부분은 심사숙고해 볼 필요가 있다. 컴퓨터에 의해 자동화되면 적어도 인건비가 높은 국내에서 생산할 때의 불리한 점을 해소할 수 있기 때문이다.

21세기에 들어서면 독창적인 미국, 협동 창조적인 일본, 점진적 개량형인 아시아처럼 분업화가 더욱더 현저하게 나타날 것이다. 중요한 것은 각국의 주체성이다. 예를 들면 각기 다른 기업 문화를 인식해서 그 특징을 잘 살펴보고 진퇴를 결정해야 한다.

일본의 과제

— 강동우 —

건설적인 대립의 결여가 기술혁신을 방해한다

미국과 일본의 기술혁신 차이는 인종의 문제라기보다는 환경의 문제라고 생각한다. 일본인도 한국인도 중국인도 미국에 가면 무척 독창적인 일을 한다.

일본인 최초로 노벨상을 수상한 도네가와(利根川)와 에사키도 그렇다고 할 수 있다. 그리고 수학의 히로나카(広中), 영화의 구로사와 아키라(黑澤明)도 그렇다. 다른 환경으로 가면 일본인이든 한국인이든 모두 그와 같이 된다.

그 사람들이 일본에 돌아오면 왠지 어색해지는 것은 환경 때문이다.

그러면 환경이 어떻게 다른가? 미국은 문화 충돌이 무척 강한 나라이다. 이질적인 문화를 가진 사람들이 모여 있기 때문에 당연

미국과 일본의 주요 제조회사별 HDD(하드 디스크 드라이브) 출하대수
(만대, 1994년)

정보기기의 부품과 장치 중에는 미국이 우위를 점하는 분야도 있다.

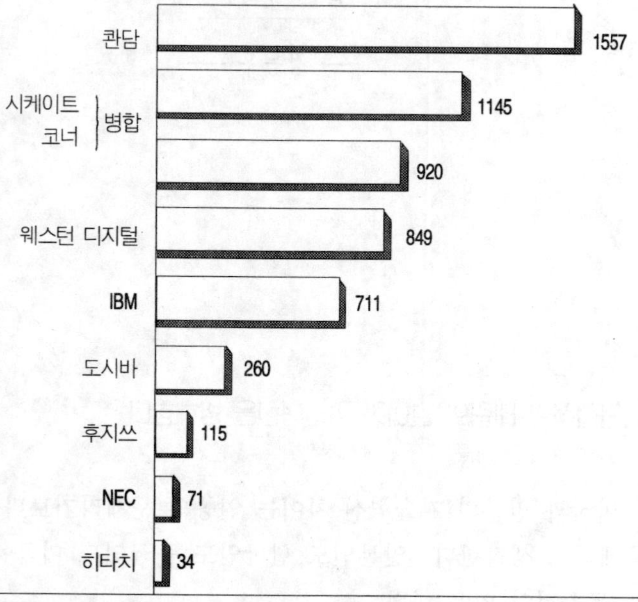

자료 : 테크노 시스템 리서치, 니혼게이자이신문

시되는 영역이란 없다. 지금까지 왜 이러한 방식을 취해왔는지, 왜 그 연장선상에서 하고 싶어하는지를 전부 미주알고주알 설명하지 않으면 안 된다. 그것이 쌓아 올려가는 일본형의 기술혁신과 다른 부분이다.

그와 같은 대립의 구도는 「건설적 대립」이라고 부르는데, 이런 식으로 일을 진행해갈 때는 계속해서 제안을 하는 자세가 중요하다.

미국과 일본의 협상 테이블에서 그것을 분명하게 알 수 있다. 미국측은 여러 가지 제안을 내놓는 데 반해 일본측은 좀처럼 제안을 내놓지 않는다. 그러다가 일본은 어느 사이엔가 「외압에 의해서 양보」해버리고 만다. 그러나 미국측이 바라는 것은 서로가 근본적인 문제점을 파악하고 새로운 제안을 제시하면서 참신한 아이디어를 내자는 것이다. 민간 차원의 연구개발에서는 더욱 그러하다.

또 하나 연구개발의 성과를 어떻게 평가하는가 하는 점에도 커다란 차이가 있다. 그것은 MIT 동창회에서 일본인들이 모일 때에도 자주 화제에 오른다. 이제까지는 학회에 보고서를 제출해 평가받았었는데, 최근에는 경제적 이익과 결부되지 않고서는 안 되게끔 변해가고 있다.

연구를 이런 식으로 처음 평가한 곳은 미국에서는 인텔이 최초였다고 생각한다. 일본사람들은 좀처럼 믿지 않겠지만, 적어도 내가 그만둘 때까지 인텔에는 연구소라는 것이 없었다.

인텔사에 연구소가 없는 이유

인텔의 무어 회장은 곧잘 다음과 같이 말하곤 했다. 『연구소라는 것이 따로 있으면, 그 곳에서 개발부대로 기술이전을 하지 않으면 안 된다. 그 과정에서 상당히 비효율적인 일이 생긴다.』

그러므로 인텔은 따로 연구소를 설치하지 않고 모든 것을 개발부대에 맡겼다.

미국은 실용적인 기술이나 개발보다는 기초연구를 중시하는 면

이 있는데, 인텔은 실제로 가장 실용적인 조직 전략을 세우고 있
었던 것이다.

1980년대를 통해 자동차나 반도체를 비롯한 여러 분야에서 미
국은 일본에게 역전당하고 있다. 그 때문에 일본이 응용기술, 미
국이 기초연구를 한다는 사고방식은 고쳐야 한다는 말도 나오고
있다.

휴렛팩커드의 영(John Young) 회장이 미국의 경쟁력강화위원
회의 위원장이 되어 『경쟁력이라는 것은 도대체 무엇인가?』를 진
지하게 생각하기 시작하고부터 미국도 많은 변신을 했다. MIT에
서 《메이드 인 아메리카(Made in America)》라는 책이 나온 것도
이때이다.

그 결과 캐논이 버블젯 방식의 프린터를 만들어 냈는데도, 휴
렛팩커드 프린터의 시장 점유율은 떨어지지 않고 계속 유지되고
있다.

플로피 디스크 분야에서는 일본이 강하지만, 하드웨어 디스크
의 시장 점유율은 콴탐, 시케이트, 그리고 최근에 시케이트에 병
합된 코너 등 모두 미국 기업이 우위를 점하고 있다.

정보산업의 양부모가 될 기회를 놓친 일본

일본은 어떤 특정 분야에 집중해서 깊게 파고들어가는 것에 성
공해 한정된 분야에서는 높은 경쟁력을 가지고 있다.

그로 인해 마키노와 가라쓰(唐津)가 《강엔고(强円高)》(德間
書店)에서 지적한 것처럼 일본은 자본재의 층이 두터워져서 부품

등의 생산재를 세계로 공급하는 「인공자원국」이 되었다.

그러나 이 같은 일이 앞으로의 정보사회에서는 일어나지 않을 것이다. 이제까지 일본의 스타일은 여러 가지 상황이 급속하게 전개될 때는 예의 주시하면서 어느 정도 안정되어갈 때까지 기다리다가 서서히 양부모로서 등장하는 것이었다. 그리고 점점 개선·개량을 통해 가격을 내리고 서비스를 향상시켜 시장을 잠식해갔다.

그러나 정보산업에서는 어느 정도 안정될 때까지 기다린다면 이미 늦은 것이다. 정보사회는 무척 빠르게 전개되기 때문에 유동적이라고 생각될 때 그 속으로 뛰어들어 육성하지 않으면 안된다.

한편 미국은 이제까지의 행동양식을 반성하고 있다. 이전에는 상무부와 민간기업의 연계를 거부했는데, 클린턴 정부는 그 중요성을 인식하고 정부와 산업계의 강력한 협력관계를 추구하고 있다.

지금의 미국은 이제까지의 미국과는 다르다.

지금까지의 미국과 일본의 구도는 마키노가 말한 대로였다. 그러나 앞으로의 정보산업 시대에서는 낳은 부모가 미국이고, 기른 부모가 일본이라는 구도는 되풀이되지 않을 가능성이 높다.

무에서 유를 창출하는 기술혁신

인텔에서 근무할 때 데밍상[일본에서 제일 유명한 품질관리상으로서 품질관리의 세계적 권위자인 에드워즈 데밍(Edwards

Deming)의 이름을 따서 붙인 것]을 받은 회사에 가서 여러 가지 이야기를 나눈 적이 있었다. 그 회사는 데밍상을 수상할 정도로 종합적 품질 관리(Total Quality Control : TQC)에는 매우 뛰어나서 개량하거나 개선하는 데는 자신이 있지만 한 가지 할 수 없는 것이 있다고 했다. 무엇이냐고 물었더니 바로 무에서 유를 창출하는 것이라고 대답했다.

개량해간다고 하는 것은 유에서 유를 창출하는 것이므로 무에서 유를 만들어내는 것과는 다른 일이다. 그리고 무에서 창출하는 것은 한층 더 어렵다. 공감이 가는 말이다.

어느 쪽이 좋고 나쁘다는 것이 아니고, 단순히 다르다는 것이다. 무에서 유를 만들어내는 기술혁신과 유에서 유를 만들어내는 기술혁신의 차이점에 대해 몇 가지 예를 들어 설명해보자.

첫번째로 마키노가 지적한 것처럼 집단형, 개인형이라는 것이 있다. 이것은 같은 반도체, 같은 전자 분야라도 물건에 따라 다르다고 할 수 있다. 예를 들면 D-RAM은 기억 소자를 하나 디자인하고 그 구조 등을 열심히 연구해서 이것이 많이 사용되는 제품기술에 연결한다. 모양이나 공정기술을 확립하면서 점점 제품기획단계에서 생산단계로 옮겨가는데, 이것은 지극히 집단적인 행위이다.

그러나 마이크로 프로세서라든가 화제가 되었던 윈도 95 등의 OS분야에는 기본설계(아키텍처)라고 하는 것이 있다. 아키텍처는 한 사람 내지는 몇 사람, 즉 소수여야 할 수 있는 것이다.

이전에 일본에서는 트론 프로젝트(Tron-Project : 누구라도 사용할 수 있도록 컴퓨터의 체계를 새롭게 구축하는 것을 목적으로 하는 프로젝트)라는 것이 각광을 받았다. 마침 이 분야는 일본이 주도권을 잡기 위해 많은 노력을 기울이던 차였다. 특히 도쿄대의 사카무라 겐(坂村健)이 열심이었다. 나도 몇 번인가 사카무라를 만나 그 우수함에 대해서 들었다. 그러나 기업을 집단으로 모으는 체제에 무리한 점이 있었다고 할 수 있다. 그 밖에도 여러 가지 이유로 인해 트론 프로젝트에 대한 기대는 점점 사라져 갔다.

또 하나 집단형과 개인형이라는 것에 대해 말하고 싶은 것이 있다. 3M의 디시모네 회장은 연구자들에게 연구 시간의 15%는 자유로이 사용해도 좋다고 했다. 그 결과 포스트 잇(Post it)과 같은 신제품이 탄생된 것이다.

이러한 디시모네 회장의 경영 방식은 바로 규율과 자율의 균형이다. 자유롭게 좋아하는 것을 할 수 있는 15%의 시간이라는 것은 규율이 없는 시간이고 개인형 개발의 권유인 것이다.

미국에는 매우 대립을 좋아하는 사람들이 많다. 내가 알고 있는 MIT의 교수도 그러한 사람이다. 그 교수는 자신의 세미나나 연구소에서 학생과 젊은 연구원들이 자신의 학설이나 이론의 모순을 지적해주는 것이 꿈이라고 말한다.

이것을 두고『대립을 좋아한다』라고 표현하는 것은 좀 극단적일지도 모르겠다. 그러나 에사키도『권위를 두려워 말라. 대립하는 것을 두려워 말라. 역사라는 것을 부정하라. 어릴 적 꿈을 잊지 말라』라고 말하고 있다.

다임러벤츠사의 장기 시나리오

아이디어의 유통성도 중요하다. 그것을 위해서는 조직 안에서 누가 아이디어를 냈는가 하는 것보다는 그 내용으로 평가를 받아야 한다.

인텔의 사장은 신입사원의 말이 옳다고 생각될 때에는 부사장의 의견을 뒤로 하더라도 신입사원의 말을 듣는다는 사풍을 만들고 있다. 혼다도『기술이라는 것은 민주적인 것이다』라고 말하고 있다. 올바른 것은 누가 말해도 올바른 것이다.

또 하나 비전이라는 것도 중요하다. 미국과 일본에서는 비전을 꿈이라고 생각해야 하는지, 아니면 현재의 연장선상에 있는 것으로 생각해야 하는지에 대해 많은 논의가 있다. 나는 비전이란 어느 정도는 현재의 연장선상에 있으면서 뛰어난 것, 꿈에 근접한 것으로 만들어야 하는 것이 아닌가 생각한다.

예를 들면 독일에는 메르세데스 벤츠를 만들고 있는 다임러 벤츠(Daimler-Benz)사가 있다. 그들은 베를린과 같은 도시를 상정해서 2010년에는 어떻게 될 것인가라는 주제로 세 가지 정도의 시나리오를 세우고 있다. 그 중에는 정보혁명이 계속 진전됨에 따라 이동할 필요성이 극도로 저하되어 차를 사용하지 않게 될 것이라는 시나리오도 있다. 그러한 경우 기업전략은 어떻게 세워야 하는가? 연구개발 전략은 어떻게 세워야 하는가? 라는 것을 생각하고 있는 것이다.

미국에서는 이미 쇼핑센터에 물건을 사러 가는 사람이 줄고 있다. 이것은 앞으로의 미래에서 매우 중요한 문제가 될 것이다. 그와 같이 앞으로의 미래를 예측하면서 시나리오 계획을 세운다. 현재의 연장선상에 없는 사태도 예상하고 가정해서 기술개발의 전략을 세워야 한다.

뒤쫓는 기술개발이 통용되지 않는 컴퓨터 산업

연속적으로 움직이고 있다가 그것이 비연속적으로 변해갈 때 새로운 기술이 등장한다. 그렇게 되면 비슷한 기술이 차례로 등장해서 기술의 전국시대를 맞이한다. 전국시대가 일정 기간 이어지면 그 사이에 새로운 기술도 정착해가고 이번에는 개선이 더해져 간다. 그것이 기술의 페이스(속도)이다.

기술의 이러한 전개에 어떻게 대처해야 하는가? 연속형 조직은 안정될 때까지 기다린다. 그렇게 해서 신기술이 안정되기가 무섭게 열심히 뒤쫓아 반격한다. 여기에는 성공할 경우와 실패할 경우가 있다.

예를 들면 필립스가 CD를 만들었다. 그 CD가 안정되어가면 일본은 대단한 기세로 이것을 추격해갔다. 그렇게 해서 일본이 이 업계의 승자가 되었다. 이것은 잘 되었을 경우의 이야기이다. 위와 같은 것이 퍼스널 컴퓨터에서도 적용가능한가? 그것은 그렇지 않다. 퍼스널 컴퓨터라는 상품은 이미 안정되어 있다. IBM이 온 정성을 기울여 연구해서 업계의 표준이 생겼다. 그럼에도 불구하고 일본은 아직 따라가지 못하고 있다.

이제까지의 예를 본다면 다른 상품의 경우, 대개 이쯤에서 일본은 가격을 내리고 조그만 부품에 이르기까지 모든 것을 독자적으로 개량하고 노하우를 축적했다. 그리고 2~3년 정도가 지나면 일본이 업계의 리더가 되었다.

그 일본이 지금까지도 추격할 체제로 들어서지 못하고 있다. 이는 컴퓨터에 한해서는 이제까지의 패턴과는 다르다는 것을 보여주는 사례이다. 일본의 패턴이 통용되지 않는 경우도 있을 것이다. 정보기술의 시대에서는 기술의 전국시대 시점에서 미리 파고들어가지 않으면 늦기 때문이다.

일본의 당면과제 — 비연속형 제품 개발

미국과 일본은 기술을 받아들이는 측면도 다르다. 일본의 경우는, 장인이 기술을 중요시하는 경향이 있고 외부에 대해서 조금 완고한 면이 있다. 「기술을 존중하는 인간은 완고해도 괜찮다」라는 분위기가 그 근저에 있기 때문이다. 그것을 미국에서는 NIH, 즉 「여기에서는 만들지 않는다(Not Invented Hear)」라고 하는데, 이것은 좋은 표현이 아니다.

예를 들면 1994년 히타치와 미쓰비시전기가 플래시 메모리* 분야에서 제휴를 했다. 그 때 엔지니어는 무척 분통해했다. 나름대로의 방식으로 플래시 메모리를 개발해왔는데, 다른 회사와 제휴를 함으로써 이제까지의 개발에 대한 사고 방식을 바꿔야 하기 때

---

* 전원 없이도 기억이 보존되는 비휘발성 반도체 메모리의 하나. 자기 디스크의 치환 메모리 카드로서의 용도가 주목되어 디지털 카메라, 휴대용 컴퓨터, 워드 프로세서, 전자 수첩 등에 꼭 필요한 메모리 소자가 되고 있다.

문이었다. 미국의 엔지니어도 자존심을 가지고 있지만, 자신의 영역을 지키려고 하지는 않는다.

또 하나 내가 재미있게 생각하는 것은 「훔친다」는 말이다. 이 말은 대부분의 나라에서는 나쁜 말인데, 일본에서는 솜씨나 노하우에 한해서는 훔친다고 하는 것이 나쁘지 않다고 생각한다. 미국에서는 기술을 경영자원의 하나처럼 생각하고 합리적인 위치 부여를 하고 있다. 그 때문에 경우에 따라서는 그것을 잘라버리는 것도, 타협하는 것도 필요하다고 냉정하게 받아들이고 있다. 이렇듯 기술을 받아들이는 각도도 매우 다르다.

마지막으로 하고 싶은 말은 앞으로의 글로벌 사회는 미국, 일본 모두 일본적인 연속형과 미국적인 비연속형을 함께 병행하지 않으면 안 된다는 것이다. 때와 경우에 따라서 전략적인 제휴나 해외 거점의 유효 이용을 통해 일본형도 미국형도 자유자재로 다룰 수 있어야 좋은 성적을 올릴 수 있다.

서로의 좋은 점을 배우지 않으면 이 국면을 타개할 수 없다. 실제로 일본의 전자회사 내에서는 일본 안에서 비연속형의 제품개발이 불가능해지면 미국과 같은 다른 곳에 연구소를 세워서라도 개발해가야 한다는 움직임이 일고 있다. 역으로 미국 내에서도 비연속형만을 고집할 것이 아니라 개선형의 기술도 해야 한다는 움직임이 일고 있다. 1980년대에 일본에게 많은 시장을 빼앗겼던 쓰라린 경험을 통해 그와 같은 태도를 갖게 된 것이다.

5

정보화 시대― 무궁무진한 벤처의 바다

벤처를 키우는 멀티미디어 ― *마키노*

정보기술왕국 미국의 다음 전략 ― *강동우*

정보에 빠져들지 말라 ― *마키노*

멈출 줄 모르는 정보혁신 ― *강동우*

벤처를 키우는 멀티미디어

— 마키노 —

우열을 가릴 수 없는 소프트웨어 개발력

현재 벤처 비즈니스가 급성장해 세계 제일의 부자가 되는 경우 중 거의 대부분이 정보산업 안에서 생겨난다고 해도 과언은 아니다. 미국의 예를 보면 마이크로소프트웨어의 게이츠나 인텔의 무어 등이 그러하다. 일본에서도 소프트뱅크의 손정의 회장이 주식의 점두상장으로 몇천억 엔이나 벌어 들였다고 한다. 베넷세 코퍼레이션이나 시마세이키(島精機)도 공개주가 1만 몇천 엔이나 되었다.

그러나 벤처 비즈니스가 육성되는 묘종판 중에는 정보분야와 함께 서비스업이나 제조업도 있다는 것을 잊어서는 안 된다. 마쓰시타의 전 부사장으로 보스턴 대학 등 몇 개 대학에서 강의를 하고 있는 미즈노 교수와 앞으로 일본이 정보산업에서 성장시켜나가야 할 분야에 대해 이야기를 나누었다.

그 하나가 부품 분야이다. 일본의 현재 수출을 보면 엔고인데도 호조를 보이는 곳은 교세라나 무라타, 파낙, CNC 등의 부품회사이다. 자동차에서도 완전품보다 부품이 호조를 보이고 있으며, 현재 수출 가운데 60% 정도를 부품이 차지하고 있다.

두번째는 영상 소프트웨어이다. 일본은 소프트웨어가 약하다고 알려져 있는데, 이것은 미래를 생각해봐도 매우 중요한 문제점이 될 것이다. 소프트웨어 분야에는 중소기업이 많은데, 그 분야에서 차이가 벌어지면 일본 산업이 회복될 가망은 보이지 않는다고 해도 과언이 아니다.

여기에서 나는 다음과 같은 결론을 얻었다.

확대되는 PC시장

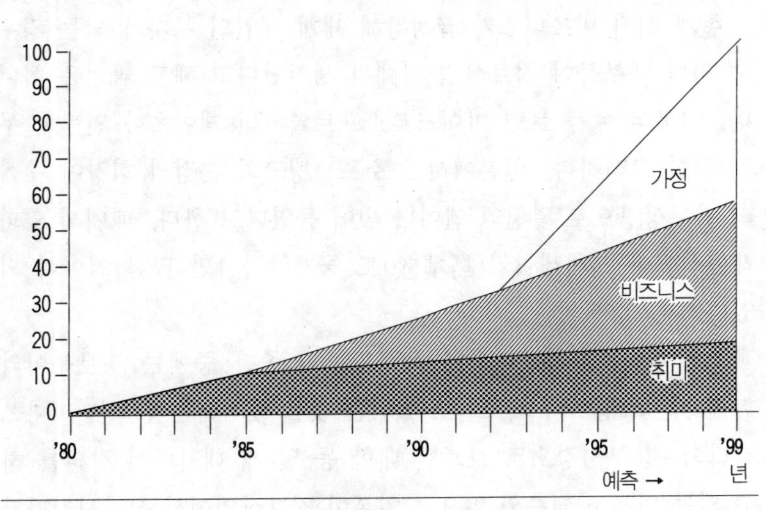

자료 : IDC

지금 미·일 간의 소프트웨어 수출입을 보면 데이터 프로세싱의 소프트웨어 부분에서는 미국이 앞서고 있다. 기술도입 건수를 봐도 소프트웨어가 압도적으로 긇아 기술도입의 50~60%를 차지한다. 이런 점 때문에 일본을 걱정하는 소리가 들리는데, 그렇지 않다는 것은 이미 앞서 말했다.

일본이 미국에 수출하고 있는 게임 소프트웨어는 이미 말한 것처럼 2,100억 엔이 넘는다. 데이터 프로세싱의 소프트웨어는 곧 기술적 정체현상을 겪겠지만, 영상 소프트웨어는 광범위하게 퍼져 끝없이 유지될 것이다. 그렇게 되면 일본은 소프트웨어 부문에서 미래에는 우위를 점하게 될 것이다.

다음 시대에서 데이터 프로세싱 소프트웨어와 영상 소프트웨어 어느 쪽의 부가가치가 높은가를 예측해보면 영상 소프트웨어 쪽이 높다고 할 수 있다. 데이터 프로세싱 소프트웨어는 현재 포화 상태로까지 진보되었기 때문에, 이제 더 이상 새로운 것은 나오지 않을 것이 틀림없기 때문이다.

영상 소프트웨어 부분은 무한히 다양한 가능성을 가지고 있다. 일본은 엔고에도 불구하고 영상 소프트웨어에서 미국에 막대한 금액의 수출을 하고 있다는 것은 앞으로, 특히 소프트웨어에 있어서는 유망하다는 것을 보여주는 조짐인 셈이다.

일본의 승산

영상 소프트웨어는 혼자서 하는 일이 아니라 집단의 힘으로 마무리되는 것이다. 즉 여러 분야의 사람이 모여서 진행해가는 작업이다. 일본은 집단으로 창조해가는 일에 뛰어나고 여러 사람이 모여서 하는 작업에 능숙하다. 게다가 일본은 상품화하는 일도 잘한다. 이미 말한 것처럼 CD 등도 아이디어는 필립스가 냈지만 제품화한 것은 소니이고 양사는 서로 돈을 지불하지 않고 노하우를 교환하고 있다.

그처럼 실제로 상품화에 능숙하다는 것은 여러 사람이 하는 공동작업에 능숙하다는 의미이다. 여러 영역의 사람들이 재능을 발휘해 공동작업으로 마무리해야 하는 영상 소프트웨어는 그와 같은 특성을 가진 일본에게 잘 맞는 분야이다. 따라서 일본이 이 영역에서 소프트웨어 왕국이 될 가능성은 높은 편이라 할 수 있다.

현재 퍼스널 컴퓨터에 관해서는 확실히 미국이 유리하다. 세계 시장도 미국이 주름잡고 있다. 그러나 최근에는 컴팩처럼 싼 것이 팔리기 시작하고 있다. 컴팩이 가격 경쟁을 시작하면서 일본에서도 각 회사와 함께 가격인하 경쟁에 돌입해 비명을 지르고 있다.

이제 퍼스널 컴퓨터 가격이 낮아져 10만 엔이라든가 5만 엔 정도의 가격대가 되면 일종의 가전제품으로 여겨지게 될 것이다. 일본의 뛰어난 장점인 기획력과 아이디어, 그리고 집단적 개발의 힘이 발휘되면 미국보다도 일본이 더 유리한 위치를 점하게 되지 않을까 생각해본다.

일찍이 일본은 텔레비전 부분에서도 기술 진보가 멈춘 시점에서 추격하기 시작해서 이윽고는 추월에 성공한 경험이 있다. 자동차도 양산화에 성공한 단계에서 일본이 미국을 따라잡아 품질 면이나 가격 면에서 한때는 미국을 추월했었다.

지금 미국은 『퍼스널 컴퓨터만은 질 수 없다』라고 말하고 있다. 그러나 5~10년 후 퍼스널 컴퓨터가 가전제품화할 경우 일본은 미국을 앞설 수 있으며 적어도 일본이 3승 7패라는 느낌은 없어질 것이라고 보고 있다.

나는 원래 공장과 같은 현장에서 일했었고, 기본적으로는 낙관주의자이다. 나의 말이 공격적이고 강경한 발언일지 모르지만, 그 가능성은 부인할 수 없다.

평론가나 학자처럼 방에 틀어박혀서 현장의 공기를 호흡하지 않는 사람은 때로는 자학적인 의견을 토해내기 때문에 그것에 현혹되기 쉽다. 앞으로 다가올 정보화 시대에서는, 일본이 벤처 비즈니스의 씨앗이 될 수 있는 기술의 기본적인 것을 토대로 커나갈 가능성은 무궁무진하다고 생각한다.

양보다 질로 전환하는 정보화 시대

「정보화 시대의 도래」라는 말이 여기저기에서 자주 들리고 있다. 정보화 시대의 특징은 정보가 증가해가는 사회가 아니라 「정보의 질이 높아져 가는 사회」이고, 그만큼 정보의 역할이 중요해진다는 것이다. 정보의 양을 헤아리는 단위는 비트 수이지만, 이 비트가 커가는 것을 정보화 사회의 진보라고는 하지 않는다.

신문으로 예를 들자면 수입이 증가했다고 해서 구독 부수를 늘리는 사람은 없을 것이다. 즉 종전 후와 비교해볼 때 수입이 10배나 올랐으니 신문도 10종류로 늘려 읽는다라고는 할 수 없다는 것이다.

이제까지 정치에 홍미를 보이지 않던 사람들까지도 정치에 홍미를 가지게 된 것은 텔레비전 덕택이다. 그 때문에 동구권에서의 민주화 과정이나 개발도상국의 정치 쿠데타에서도 방송국부터 먼저 점거하게 된 것이다.

나는 오랜 세월 동안 엔지니어로 공장에서 근무했었다. 쇼와 30년경에는 현장에 90% 정도의 사람이 있었다. 그 후 서서히 사람들이 적어지기 시작해서 지금 현장에는 거의 사람이 없다. 그 대신에 연구개발·설계·소프트웨어 공정관리 등 사무실에서 정보와 관련된 일을 하는 사람들이 증가하고 있다. 이와 같은 상태가 바로 정보화 시대라고 말하는 사람도 있다.

멀티미디어 123조 엔 논의의 환상

멀티미디어는 단순하게 말하면 디지털화이다. 아날로그가 텔레비전이나 전화라면, 디지털은 컴퓨터라고 할 수 있다. 이 아날로그를 디지털화해서 비축, 전환, 표현까지 처리한다. 그것이 멀티미디어의 뛰어난 점이다. 그리고 그와 더불어 쌍방향성이라든가 네트워크 등이 덤으로 붙어 있다.

이 멀티미디어의 시장 규모가 123조 엔이라는 설이 있다.

그러나 냉정하게 생각해보면 그 정도까지 팽창되지는 않을 것이다. 123조 엔이라면 국민 1인당 100만 엔이 넘는 금액으로서 정보에 대해 모두가 그렇게 큰 지출을 해야 한다는 전제가 나온다. 현재 정보 관계로 지출되는 비용은 가정 내 전 지출의 5% 정도이다. 여기에 정보 관계 미디어를 모두 넣으면 2010년에 16조 엔 정도가 아닐까?

냉정하게 견적을 내보면 그러한 숫자가 나온다. 그러나 개개의 극미한 숫자를 더해 가면 123조 엔 정도가 된다. 하지만 거기에는 계산 방법의 착오가 있다. 그것을 나는 「주먹구구식 계산 방법의 권장」 또는 「주먹구구식의 권장」이라고 말하고 싶다. 극미한 숫자를 쌓는 것은 전체를 보지 못하는 경향이 있고 위에서만 바라보고 파악하는 것이다.

일본 사람들은 흥분을 잘 한다. 멀티미디어 123조 엔이라는 것은 단지 예측일 뿐이고 지금은 그 수치대로 말하는 사람은 없다. 윈도 95만 해도 포도주와는 달라서 이전처럼 밤을 새워가며 줄지어 살 정도는 아니다.

멀티미디어가 나오기 전에 일본 사람들은 뉴미디어라고 흥분했는데, 조금도 싫증 낼 기미가 보이지 않았다. 최근에는 인터넷 열기이다. 이것도 「전자판 전단 광고」를 내는 시스템이다.

미국에서 멀티미디어는 고어 부통령의 슈퍼 하이웨이 구상에 포함되어 있고, 또한 이것을 기본으로 정보화 시대에서 세계의 주도권을 잡으려는 의도가 내포되어 있다. 일본은 정보 시장이 매우 크다는 예측만을 할 뿐이지 정부 차원에서 추진하지 않는다. 미국에서 컨설턴트나 정보 회사가 하는 예측을, 일본에서는 우정성이나 NTT(일본전신전화주식회사)가 하고 있는 것이다. 역시 일본과 미국은 사정이 무척 다른 것 같다.

플랫폼, 디스트리뷰터, 컨텐트의 힘

인터넷은 디지털 회선을 사용하는 것인데 『이제부터는 인터넷이다!』하고 크게 떠들던 것과 비교하면 그 회선 사용 요금은 크게 증가하지 않았다. 1995년 11월의 데이터를 보면 전년도와 비교해서 260억 엔 가량 증가하고 있는 정도이다.

260억 엔 정도는 과거의 연장선에서 생각할 때 자연증가라고 할 수 있다. 인터넷은 아직 말로만 무성하다는 느낌을 받는다.

한편 멀티미디어 산업은 인터넷을 포함해서 다양한 분야에 영향을 미칠 것이다. 이것은 다음과 같이 세 개로 크게 나뉜다. 세 분야 모두 시장 규모가 작고 다양하며 변화 속도가 빠르므로 벤처에 적합하다고 말할 수 있다.

① 플랫폼(platform)
② 디스트리뷰터(distributor)
③ 컨텐트(content)

플랫폼은 퍼스널 컴퓨터라든가 ATM 등의 모든 하드웨어를 지칭하는 말이다. 퍼스널 컴퓨터를 구입하는 사람은 계속 증가하고 있다. 인터넷을 하는 사람은 일부이지만 계산기나 워드 프로세서 등 여러 가지 면에서 편리하기 때문에 점점 보급되어갈 것은 틀림없다. 1995년 퍼스널 컴퓨터의 판매 대수는 500만을 넘었다. 텔레비전 다음 가는 대형 전자상품은 퍼스널 컴퓨터인 셈이다.

퍼스널 컴퓨터 그 자체의 매상은 신장하고 있지만, 그만큼 경쟁도 치열해진다는 점이 큰 문제점이다. 미국과의 경쟁은 말할 것도 없고, 국내에서도 후지쓰와 NEC 간의 한 치 양보도 없는 격렬한 경쟁이 큰 화제가 되고 있다. 결국 후지쓰 등이 무리할 정도로 가격을 내렸다. 게다가 앞으로는 대만이 참여할 가능성이 크다. 그런 와중에서 퍼스널 컴퓨터의 가격은 점점 더 내려갈 것이고 퍼스널 컴퓨터는 정보 가전제품으로 가정 내의 필수품이 될 것이다.

디스트리뷰터라는 것은 NTT라든가 CATV, 휴대 전화 방송국과 같은 방송유통 채널을 의미하는 것이다. 이 디스트리뷰터 시장은 이미 성숙 조짐을 보이고 있기 때문에 신규 참여하기에는 부적합한 시장이다. NTT가 90% 가까이 차지하고 있고 그 나머지를 DDI 등이 차지하고 있다. 설비 투자가 상당히 필요하므로 지금 새로이 뛰어들더라도 단기간에 정상 궤도에 오르기는 어려울 것이다. 휴대 전화만 해도 설비 투자비용이 연간 1조 엔을 넘어 철강 산업의 투자를 넘어설 정도이다. 그러나 이 분야도 역시 크게 성장해갈 것이다.

디스트리뷰터의 시장 총 규모는 NTT가 6조 엔인데, 이보다도 20~30% 증가해 7조~8조 엔 정도라고 말할 수 있다. 슬롯 머신 산업을 30조 엔이라고 볼 때 4분의 1 이하의 규모이다.

컨텐트라는 것은 내용을 말한다. 인터넷으로 말하면 데이터 베이스이고 VOD로 말하자면 영화이다. 게임을 할 때에는 게임 소프트웨어가 컨텐트가 된다.

이 컨텐트 분야는 일본의 중소기업에 알맞은 분야이다. 고에이(光栄)나 에닉스 등 일본의 대표적인 게임 소프트웨어 회사는 그 대부분이 중소기업들이고 괴짜들이 모여 있는 곳이다.

이상의 세 가지가 멀티미디어를 직접 지원하는 커다란 산업인데, 그 규모는 크다고 볼 수 없다. 그 일부인 인터넷 시장도 실은 미미하다. 그러나 멀티미디어를 사용해서 행할 수 있는 일은 무궁무진하다.

전자공학에서의 IC도 멀티미디어와 비슷하다. IC의 시장은 4조 엔으로 작은 편이지만, 응용 범위는 매우 넓다. 나는 곧잘 전자공학의 응용예로서『된장을 만드는 데 이것을 사용하면 미소(된장)트로닉스가 된다. 일본술을 만드는 데 사용하면 사케(술)트로닉스가 된다』라는 말을 한다. 돗판인쇄(凸版印刷)의 스즈키(鈴木)회장도 일찍이 전자공학을 사용해서 인쇄하는 일을 프린트로닉스라고 불렀다.

이처럼 멀티미디어는 여러 가지 분야에 응용되어 그 일의 질을 변화시키고 크게 활성화시키는 힘을 갖고 있다. 멀티미디어 그 자체의 시장 규모는 항간에 전해지고 있는 것처럼 큰 것은 아니지만「멀티미디어가 가진 파급 효과」는 막대하다.

점차 광(光) 네트워크가 보급된다. 멀티미디어는 많은 산업에 파고들어 그들 산업을 변화시켜갈 것이다. 멀티미디어 그 자체뿐만 아니라 그 파급효과에 주목해야 한다. 정보 하이웨이라는 말처럼 멀티미디어에는 확실히 고속도로나 철도와 마찬가지로 일종의 공공재산으로서의 측면이 있다. 그런 의미에서 멀티미디어의 등장은 매우 커다란 의미를 가지고 있는 것이다.

정보관련기술의 파급효과

정보화 시대에서 통신의 새로운 가능성 중 하나로 광전자공학이 있다. 여기에는 레이저나 디스플레이, 태양전지, 광섬유 등이 포함되어 있다. 컴퓨터 화면용 디스플레이만도 1조 엔을 넘을 것이다.

이러한 정보 관계의 기술에 의해 다른 산업이 혁신되어간다는 것은 이미 지적한 내용이지만, 그것을 금액으로 환산하면 먼저 전자공학이 60조 엔 정도의 시장이 된다. 그리고 유통 · 금융을 비롯해 미소(된장)트로닉스, 사케(술)트로닉스, 프린트로닉스 등 다양한 산업 분야가 전자공학이나 통신과 접목되어 형성된 간접적 시장을 가산하면 200조~300조 엔의 시장이 된다.

결국 「만들기보다 사용한다」라는 발상으로 정보기술분야를 본다면 「소프트웨어 시장」의 성장은 분명한 일이며 매우 변화무쌍한 분야가 될 것이다.

그 후에는 의약품을 중심으로 한 바이오 벤처의 시대가 오겠지만, 이것은 미국과 큰 차이가 있기 때문에 간단하게 이길 수는 없을 것이다. 그러나 여러 가지 광기술분야에서는 기초연구를 포함해 일본이 미국보다 앞서 있다.

정보기술왕국 미국의 다음 전략

— 강동우 —

「플랫폼 전국시대」의 개막

정보화 시대라는 것은 마키노의 지적대로 제품과 그 산업에서의 한정된 출하액만을 보면 제한된 점이 있지만, 그 파급효과는 무척 크다.

정보 산업이 소득의 5~6%를 차지한다고 했는데 자동차를 이용하지 않고도 쇼핑을 할 수 있고 은행에 가지 않아도 계좌에 돈을 넣거나 결재를 할 수 있게 되면, 아마 소비의 배분 면에서 큰 변화가 생길 것이다. 그런 의미에서는 상당한 결단력을 가지고 장래를 보지 않으면 경우에 따라서는 문제가 일어날지도 모른다.

또 하나 중요한 요인은 이 분야에 대한 미국과 일본의 수요 차이이다. 미국에 멀티미디어 네트워크의 선두 사용자들이 많이 있다는 것은 관련 하드웨어, 소프트웨어 공급자의 주도권 싸움에 적지 않은 영향을 줄 수 있다는 의미다. 때문에 나는 4년 전부터 강연할 때마다 일본의 모든 분들에게 정보기술의 적극 이용을 권장했다.

이를 근거로 플랫폼, 디스트리뷰터, 컨텐트에 대해 말하고 싶은데 플랫폼이라는 것은 이른바 단말장치를 의미한다. 그 단말장치에 대해서 고성능 퍼스널 컴퓨터 시장이 확대됨과 동시에 대부분의 제조회사들이 500달러의 인터넷 박스를 만드려고 하고 있다. 그 정도로 정보 단말장치의 가격을 내리려는 것이다. 이미 일본에서도 몇몇 회사가 이 가격대의 인터넷 전용 접속용 단말장치를 낼 예정이라고 한다.

워크스테이션(workstation) 제조회사, 케이블 셋톱 박스*를 개발하고 있는 회사, 비디오 게임의 콘솔을 만들고 있는 회사, 텔레비전 등을 만들고 있는 가전회사……. 이 모든 회사들이 뒤범벅이 된「플랫폼 전국시대」가 되고 있다. 「플랫폼 전국시대」가 지금까지의 가전제품 경쟁과 다른 점은 컴퓨터에 사용되고 있는 주요 부품이 거의 미국제라는 점이다.

예나 지금이나 가전제품은 어느 제품이든 안을 열어보면 그 대부분이 일본의 기술이었다. 제어기에서 반도체까지 80~90%까지가 일본제였던 것이다.

그러나 컴퓨터에서의 메모리만은 일본제나 한국제가 많이 보급되고 있지만, 프로세서나 하드웨어 디스크는 그 대부분이 미국제

---

* 수신한 정보를 시청가능한 정보로 변환하는 멀티미디어 서비스에서 단말 장치에 있는 장치. 수신 쪽의 단말장치에 정보를 나누어서 배치함과 동시에 수신자측의 요구를 송신자 쪽으로 전달하는 기능을 가진다. 멀티미디어 서비스를 이용할 경우에는 이 장치가 필요하기 때문에 셋톱 박스의 가격이나 성능이 멀티미디어 서비스 보급의 열쇠가 된다고 할 수 있다.

이다. 인텔이 왕성하게 일본의 텔레비전에 광고를 흘려 보내고 있기 때문에 「미국제품이 들어 있는 것은 인텔뿐이다」라고 생각할지 모르지만, 프로세서 이외의 많은 부품들이 미국제이고 I/O(입출력관련), 그래픽이나 음성처리 분야에서도 미국제품이 큰 활약을 하고 있다.

승지는 표준화의 주도권을 장악하는 자

또 I/O는 인터페이스(interface : 접속기)에 필요하므로 속도가 빠르지 않으면 안 된다. 이 분야에는 어댑텍 등 미국의 중견기업들이 뛰어들고 있다. DSP(Digital Signal Processor)*도 텍사스 인스트루먼트사가 주도권을 잡고 있고 그래픽 프로세서에 대해서도 미국이 유리하다.

메모리와 디스플레이, 테크놀로지는 일본이 단연 강한 것이 확실하다. 그 밖에 액정 디스플레이 분야에서는 한국도 상당한 실력을 가지고 있다.

외부의 메모리 장치 중 플로피 디스크 분야에서는 일본이 강하다. 그러나 앞에서 말한 것처럼 하드웨어 디스크 분야에서는 미국이 높은 점유율을 장악하고 있다.

앞으로를 전망하면 드라이브 그 자체에 대해서는 역시 일본이 강하다고 할 수 있다. 그러나 멀티미디어 업계라는 것은 단순한

---

* 빛 · 온도 · 소리 등의 아날로그 정보를 고속의 디지털 신호로 변환하는 디지털 신호 처리 전용의 프로세서로 대규모 집적회로(LSI)의 일종. 휴대 전화나 비디오 신호의 대역 압축 등에 사용되어 빠르게 수요가 증대되고 있고 업체 간의 경쟁도 심해지고 있다.

기술 진보만으로는 승패를 결정할 수 없는 세계이다. 장인 기술이라는 관점에서 말하면 일본은 꽤 힘을 가지고 있다. 그러나 그것이 경쟁의 지표가 된다고 보기는 어렵다.

예를 들면 플랫폼 중 아직 표준이 결정되지 않은 분야도 있다. 케이블 텔레비전의 셋톱 박스는, 미국에서는 사이언티픽 애트랜터와 제너럴 인스트루먼트 두 회사가 만들고 있다. 그 두 회사가 어떻게 나올지, 그리고 일본이 어떻게 참여할지가 문제가 된다.

중요한 것은 미국이 플랫폼 표준제정 작업을 주도적으로 움직이고 있다는 점이다. 플랫폼의 표준이 만들어진 후 DSP나 I/O 인터페이스, 그래픽 프로세서 등을 어느 회사가 먼저 개발해서 판매를 단행할지가 하나의 승부처가 될 것이다.

플랫폼의 처리속도와 통신의 불균형

디스트리뷰터는 기술적으로 말하면 대역파의 문제이다. 플랫폼의 연산처리속도는 비약적으로 신장하고 있다. 현재 인텔의 마이크로 프로세서는 대개 100~150메가 헤르츠의 주파수에서 움직이고 있다. 이것이 200~300메가가 되는 것은 시간 문제이다. 축소명령 세트컴퓨팅(Reduced Instruction Set Computing : RISC)에서는 이미 그러한 속도가 가능해지고 있다.

이에 비해 통신은 아직 전화선을 사용하고 있다. 그 때문에 그래픽이 들어 있는 홈페이지를 다운로드받으려면 시간이 많이 걸리는 부조화 사태가 일어나고 있는 것이다.

이러한 이유로 멀티미디어의 특성이랄 수 있는 호환성을 마음

껏 발휘할 수 없다.

그렇다면 전화선 대신 케이블을 통하면 어떨까 하는 논의가 나온다. 그 다음에는 케이블 모뎀을 어떻게 해야 하는지에 대한 문제가 생긴다. 케이블 모뎀을 저렴하게 만들면 빠른 시일 내에 보급되어 목표인 100달러를 돌파할 것이라고 말하고 있다.

그 밖에 디지털 종합서비스망(Integrated Services Digital Network : ISDN)* 등도 화제가 되고 있는데, 그러한 매체상의 문제뿐만 아니라, 패킷의 전송속도를 어느 정도 올리느냐에 따라 ATM 패킷 베이스의 노하우가 생기고 있어 그것을 어떻게 해야 할지가 문제가 되고 있다.

그러한 매체상의 문제와 더불어 무선 통신이 어떻게 전개되는가 하는 것도 앞으로는 중요한 문제이다. 지금은 전자우편을 주고받을 때 잭을 꽂아서 모뎀에 접속하고 있다. 이것을 될 수 있는 한 빠르게 차 안이나 신칸센에서도 주고받을 수 있게 하려는 것이다.

연산처리능력과 대역폭의 기술혁신 차이를 메우기 위해 그 밖에도 여러 가지 기술이 개발되고 있는 중이다. 영상 압축기술이 MPEG(Motion Picture Experts Group) 등 여러 가지 표준을 기초로 지금도 빠른 속도로 진행되고 있다.

또 연산처리능력과 밴드의 폭에 큰 차이가 있기 때문에 애니메

---

* 디지털 기술을 기초로 해서 음성·데이터·화상통신 등을 종합적으로 제공하는 공중 교환망. 공중 교환망이라는 것은 불특정 다수의 가입자 상호간을 연결하는 네트워크 시스템으로, NTT가 1984년 INS 구상으로 출발해 1988년 4월 상용 서비스를 개시했다. 당초는 기업 내 통신망을 보조하기 위해 사용되었는데 회선 교환과 패킷 교환을 동시에 이용하게 됨으로써 여러 가지 시스템 이용이 가능해져 수요가 증가하고 있다.

이션 등의 동화상은 전부 방정식화해서 그것을 연산 프로세서로 전개하려는 움직임도 나오고 있다. 그러한 편이 대역폭이 커지는 것을 기다려 동화상을 영상으로 보내는 것보다 빠르기 때문이다.

규제는 기술개발의 저해요인

어쨌든 이 디스트리뷰터 분야에서 걱정되는 것은 기술혁신의 수준이 아니라 규제가 걸림돌이 되지 않을까 하는 점이다. 가전업계가 좋은 것을 싸게 만들어 모두의 생활을 풍요하고 편리하게 만든 것은 업체 간의 치열한 경쟁이 있었기 때문이다. 만약 세계의 가전제품 회사가 일절 경쟁하지 않는 상태가 되면「더 편리하고, 저렴하게」라는 방향성은 잃게 될 것이다.

넷스케이프의 짐 클락은 아시아 및 일부 유럽에서는 통신 분야가 국영 내지는 반국영의 형태로 운영되고 있다고 지적하고 있다. 그와 같은 상태에서는 경쟁이 이루어지지 않기 때문에 기술혁신은 좀처럼 일어나지 않는다. 세계의 기술혁신 속도에 따라가지 못하게 되는 것이다.

인터넷 보급에 대해 마키노는『그렇게 대단한 것은 아니다!』라며 수치를 들어 지적했는데, 문제는 왜 그 정도로밖에 보급되지 못했는가 하는 것이다. 그 첫번째 원인은 역시 회선료가 비싸다는 점이다. 일본의 회선료는 터무니없이 비싸다. 자유 경쟁의 시장 원리에 따라 가격이 형성되어 있지 않기 때문이다. 그런 면에서는 미국이 유리한 전개를 해나가고 있는 것은 아닐까?

기대되는 가상현실 관련기술

컨텐트 분야 중 게임 분야는 마키노 선생이 지적한 대로 일본이 강하다. 그 게임도 3차원(3D)의 세계에서 가상현실의 세계로 돌입하고 있다.

가상현실의 세계는 아직까지는 초기단계이고 고글(goggle : 입체영상을 보기 위해 머리에 쓰는 장치)을 부착한다거나 글로브(glove : 손에 착용하고 가상현실을 조작할 수 있는 기구)를 끼기에도 해상도가 낮은 편이다.

시부야(澁谷)에 있는 NHK의 전시장에는 고글을 이용하지 않고서도 3차원을 볼 수 있는 스크린이 전시되어 있다. 아직은 3차원을 볼 수 있는 시각이 정해져 있기 때문에 거기에 머리를 고정해서 보아야 한다. 그러나 가까운 시일 내에 그러한 문제점을 깨끗이 처리하는 기술이 개발될 것이다.

40인치 정도의 벽걸이형 텔레비전은 앞으로 많은 수요가 기대된다. 화면 안에 많은 창(window)을 열어야 하기 때문에 얇고 큰 화면이 필요하게 될 것이다. 따라서 이러한 텔레비전을 대량 개발한 다음 가격을 낮게 책정하면, 그 인기는 상상을 초월할 정도로 높아져 많은 판매를 기대할 수 있을 것이다.

세계로 나가야 대등한 경쟁을 할 수 있다

규제나 업계 표준 등의 환경 속에서 기술혁신 등을 어떻게 전개해야 하는가? 이것이 일본 기업이 해결해야 할 숙제이다. 그렇게 하기 위해서는 일본 기업의 멀티미디어 추진실을 미국으로 이전하는 것도 좋은 방법이다.

현재 세가(Sega)사의 오가와(大川) 회장은 실리콘 밸리에 집을 마련해 1년 중 3분의 1 정도는 거기에서 지내고 있다. 그는『앞으로 10년 동안 일본에서 멀티미디어의 혁신은 나오지 않을 것이다』라고 말하고 있다. 너무 극단적인 말일지도 모르지만, 일본처럼 규제가 많은 곳에서 일을 한다는 것은 경쟁상 불리하기 때문일 것이다.

컨텐트 문제에서 첨가해야 할 것이 있다. 게임 소프트웨어, 3차원 소프트웨어에서는 일본이 우세를 점할 가능성이 높다. 그러나 컨텐트는 이것이 전부는 아니다. 좋은 내용을 담고 있지 않으면 안 된다.

예를 들면 게이츠는 러시아 엘미타쥬 미술관 그림에 대한 전자 매체상의 저작권을 취득했다. 컨텐트의 전국시대에서는 그와 같은 일이 점점 더 많이 일어날 것이다. 세계 여기저기에 방치되어 있는 좋은 재료들을 모으지 않으면 아무리 훌륭한 소프트웨어 제작진이 모인다 하더라도 그 소프트웨어는 의미를 상실하고 만다.

OS는 사용자들이 편리하고 손쉽게 이용할 수 있는 것이 중요하다. 또한 접근이 빨라야 한다. 게다가 될 수 있는 한 인터페이스가 자연스럽게 이루어져야 한다. 지금은 아직 마우스 등을 사용하고 있지만, 장래에는 음성 입출력의 형태가 될 것이다.

OS환경에서 움직이는 네트워크 서비스도 중요하다. 예를 들면 넷스케이프는 브라우저를 만들었다. 홈페이지를 보는 것만이 아니라 여러 가지 정보를 교환하고 거래할 수 있는 정도로 발전하고 있다.

온라인 서비스도 계속 발전할 것이다. 전자화폐로 거래를 하는 것은 상당한 안전이 보장되지 않고서는 할 수 없다. 게다가 이것은 규제가 많기 때문에 일본에서는 대장성(大藏省)의 허가가 있어야 할 것이다.

현재 인터넷상에서 행해지고 있는 사업은 기업 대 개인 또는 개인끼리의 형태가 많지만, 궁극적으로는 비즈니스 대 비즈니스의 거래로 나아갈 것이다.

일본이 멀티미디어 분야에서도 상당한 활약을 할 것은 틀림없다고 생각한다. 그러나 그러기 위해서는 기술혁신이나 비용삭감뿐 아니라 표준화의 문제나 규제를 깨끗이 정비해나가지 않으면 안 된다.

또 정보산업에는 국경이 없으므로 일본의 사용자뿐만 아니라 세계를 겨냥한다면, 그 거점을 선구적인 시장에 잡는 것은 당연하다고 볼 수 있다. 그 나라의 정부를 적극적으로 공략하는 로비 활동도 하고, 현지 의회에도 진출해서 활발한 활동을 전개해 나가야 한다.

정보에 빠져들지 말라

— 마키노 —

전자우편의 단점

전자우편이나 인터넷은 가정에서도 효율적으로 사용될 가능성이 매우 높다. 미쓰비시 종합연구소의 이사이며, 게이오 대학 교수인 이시이(石井威望)는 『자동차가 보급된 이유는 중소기업에 들어가서 공·사 혼용으로 사용했기 때문이다』라고 말하고 있다.

중소기업에 인터넷이 들어가게 되면 인터넷도 공·사 혼용으로 사용됨으로써 가정으로 파고들어갈 것이다. 회사에서 구입해서 책임자가 제멋대로 여러 가지 일에 사용하기 시작하면 놀라운 기세로 보급될지도 모른다.

인터넷은 중앙에서 대형 컴퓨터로 제어하는 체계가 아니다. 네트워크 자체가 통제 불가능하고 정부의 제한이 없기 때문에 각각의 환경에 적응해서 날로 커지고 있다. 인터넷 그 자체의 응용기술이 크게 증가하면서 안전상의 문제도 증가하고 있다.

컴퓨터 시대에서 통신의 시대로 접어든다는 것은 중요한 의미를 내포하고 있다. 통신이 컴퓨터를 삼켜버리는 것이다. 통신 네트워크 안에서 인터넷이 장래 커다란 시장을 만들어 분산된 기능을 수행하거나 정보에 대응하겠지만 대부분의 경우 전혀 관리할 수 없게 될 것이다. 그 때문에 위험한 면이 있다. 게다가 24시간 이동하기 때문에 노동이 심화될 가능성도 부정할 수 없다. 명예 훼손 기사부터 포르노, 독극물인 사린의 제조방법까지도 흘러나오고 있다.

인터넷에서는 즉시 몇백 건의 반응을 얻을 수 있다. 그것에 응답하면 이번에는 몇천 건 규모로 반응이 되돌아온다. 그 때문에 경영자나 대학교수 중에서는 『이것은 극도로 노동력을 착취하는 것이다』라고 투덜거리는 사람도 있다.

국내에서도 전자우편만 하더라도 반응(답장)이 엄청난 양으로 쏟아져 하나하나 답변하기가 힘들다. 대학교수인 경우에는 저쪽에서 오는 정보와 자신이 가지고 있는 정보의 격차가 너무 크다. 상대 정보의 수준이 낮고 매력이 없어 대응하기 힘들게 되는 것이다.

예를 들면 게이츠에게 오는 전자우편 중 제일 많은 내용은 『어떻게 해서 큰 돈을 벌 수 있었는지 가르쳐 달라』라는 것이고, 두 번째가 『돈을 빌려 달라』라는 것이라고 한다. 그러고는 한참 후 윈도 95에 대한 질문이 나온다는 것이다. 우스갯소리 같지만, 빌 게이츠에게 전자우편을 띄울 정도라면 어느 정도 컴퓨터 실력을 갖추고 있어야 하지 않을까 생각한다.

전자우편은 무척 고상한 것이라는 인상이 있는 반면, 홈페이지는 외부에 알리고 싶은「전자판 광고」로서, 중요한 정보는 지적소유권도 갖지 못하고 안전도 보장받을 수 없는 단점 때문에 게재하지 않는다. 그렇기 때문에 일부러 전자우편의 스위치를 꺼버린 사람도 있다.

인터넷상에 중요한 정보는 없다

인터넷에는 긍정적인 면과 부정적인 면이 있지만 긍정적인 면이 더 크다. 그러나 예를 들어 자신의 홈페이지를 만들면 무방비 상태로 여러 가지 일이 일어난다. 사람을 중상모략하기 위한 홈페이지가 등장할 수도 있다.

내각 내의 멀티미디어에 관한 연구회에는『사람을 죽이는 데 칼은 필요 없다. 인터넷만 있으면 된다』라고 말하는 대학교수도 있다. 인터넷 안에서 여러 가지 중상모략된 정보가 교환되면 전혀 손을 쓸 수 없다는 점이 우려되는 부분이다.

그와 같은 위험성은 확실하게 존재한다. 사린의 제조방법이 나오거나 파이프 폭탄 제조방법을 가르쳐주는 메시지를 보고 고교생이 실제로 만든 경우도 있었다. 시카고에서 일어난 빌딩 폭파 테러에 사용된 폭탄도 실은 인터넷으로 알게 된 지식을 기초로 만들어진 것이라고 한다.

이런 부분에 대해서는 조치를 취하고 열쇠를 채워 접근할 수 없도록 해야 한다는 논의가 있었고, 그것은 가능하다는 것이 지금의 결론이다. 그러나 열쇠를 채운다고 해도 전혀 새로운 위험정보에 관해서는 막을 수 없다. 일단 정보가 공개된 후에야 막을 수 있을 뿐이다.

이것은 해커 대책과 매우 흡사하다. 잠금장치로 안전을 지키려고 하면 한 단계 위의 기술을 개발해 이를 제거해버린다. 그러면 그 브레이크를 제거하지 못하는 기술을 개발해 해커를 억압한다. 그러면 해커가 그 제어기술을 깨는 기술을 개발한다. 이런 식으로 계속 순환되어간다.

또 하나 확실한 것은 그다지 중요하지 않은 일반 정보는 인터넷의 홈페이지에 게시되지만, 중요한 정보는 나오지 않는다는 경향이 있다. 많은 이들이 알고 있어도 곤란하지 않고 손해를 끼치지 않는 정보는 게재되지만, 귀중한 정보나 돈이 되는 정보는 결코 나오지 않는 것이다.

이것은 생각해보면 당연한 일이다. 인터넷은 만능이고, 모든 정보가 실려 있다고 하는 것은 환상임에 틀림없다.

창조성과 정보는 다른 차원의 문제

일본에서는 퍼스널 컴퓨터나 멀티미디어도 자동차와 마찬가지로 가정으로 유입되는 형태로 파급되어간다. 그러나 기업 광고나 정부기관, 눈에 띄고 싶어하는 개인 정보나 공개 정보밖에 없다.

홈페이지에는 누가 보더라도 괜찮은, 그렇고 그런 정보들뿐이다. 정말로 가치가 있는 정보, 중요한 정보, 안전을 중시하지 않으면 안 되는 정보는 인터넷에 올라가기 힘들다.

게다가 정말로 크리에이티브한 정보는 다른 사람들이 알려준 정보를 모아 만들어지는 것이 아니라, 자기 혼자 깊이 연구하고 실험을 반복했을 때 비로소 만들어지는 것이다. 그렇게 해서 스스로 정보를 만들어내고 그 원점으로 빠져들 때 나오는 것이야말로 창조성이 깃들인 것이다. 만인이 언제라도 꺼내볼 수 있는 전단광고형 정보는 몇 개를 모아도 의미가 없다.

게다가 인터넷에서 언제라도 정보를 얻을 수 있다는 것만으로도 벌써부터 자신만만한 사람들이 굉장히 많은데, 이들은 커다란 착각을 하고 있는 것이다.

가정에서의 PC 사용목적(1994년)

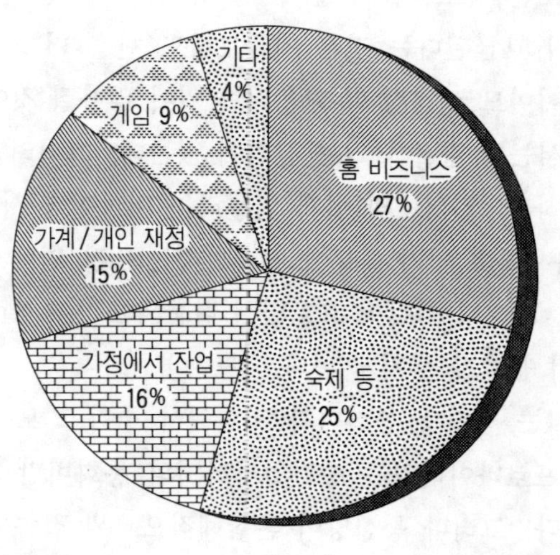

자료 : 인텔

고어 부통령의 연설이 신문에 게재되는 것보다 3시간 반 빨리 손에 들어왔다고 득의양양해한 사람이 있었는데, 고어 부통령의 연설은 어지간한 일이 아닌 이상, 신문에 실려 있어도 거의 대부분의 사람들은 읽지 않는다. 그것을 3시간 반 정도 빨리 손에 쥐었다고 기뻐해야 할 이유가 있을까? 그것은 정보로서 어떤 가치가 있을까?

인터넷에 대한 평가는 연구자 등 사용하는 사람에 따라서 다르다. 인터넷은 정보 사회의 중핵적 기술로서 훌륭한 면을 지니지만, 동시에 한계가 있다는 점도 잊어서는 안 된다.

틀림없는 사실은, 인터넷은 「정보 전달」의 도구로서 획기적인 것이라는 점이다. 새로운 창조는 인간 자신에 달려 있고, 도구만으로는 새로운 창조물을 만들 수 없다.

인터넷이 보급된다는 것은 지금보다도 한층 더 가입자가 증가한다는 의미이므로 점점 더 다운되는 일이 많아질 것이다. 그것을 막기 위해서는 용량을 늘리는 길밖에 없는데, 그러려면 상당한 투자가 필요하다. 인터넷의 현재 인프라는 미국이 군사용으로 개발한 것을 사용하고 있기 때문에 이제까지는 비용 면에서 거의 문제가 없었다. 그러나 시간이 흐르면서 다운되는 일이 발생하게 되면 수용력에서 문제가 생기게 된다.

아직까지는 인터넷 통신비가 저렴해서 좋다고 모두들 말한다. 왜냐하면 프로바이더라는 중간업자까지의 통화비만 지불하면 되기 때문이다. 그러나 통신망이 혼잡해짐으로써 접속이 어려워져, 그것을 해결하기 위해 용량 증대에 투자해야 한다면, 이 새로운 투자 비용은 이용자가 부담하게 될 것이다. 이것이 문제다.

멈출 줄 모르는 정보혁신

— 강동우 —

인터넷은 규제가 없기 때문에 다이내믹하다

해커에 대해 끝없는 악순환이 지속되고 있는 것은 이미 모두가 알고 있다. 이것은 도둑의 능력과 열쇠의 기술혁신이라는 악순환과 기본적으로 같은 것이다. 불상사도 일어날 것이다.

그러나 현재의 실제 사회보다 인터넷이 안전하다는 의견을 내놓는 사람도 있다. 인터넷의 경우 다양한 잠금장치를 여러 곳에 간단하게 넣을 수 있기 때문이다. 잠금장치를 설치해도 악순환이 계속되면서 파괴되지만, 전자적으로 검열 시스템을 장치한다는 것은 어려운 일이 아니다.

미국에서도 인터넷이 무규제 상태이기 때문에 이것을 규제하려는 움직임이 일고 있다. 반면에 인터넷의 다이내믹한 모습은 인터넷의 고유한 특성이므로, 이를 규제하려는 정책은 바람직한 것이

가정의 PC 보급동향

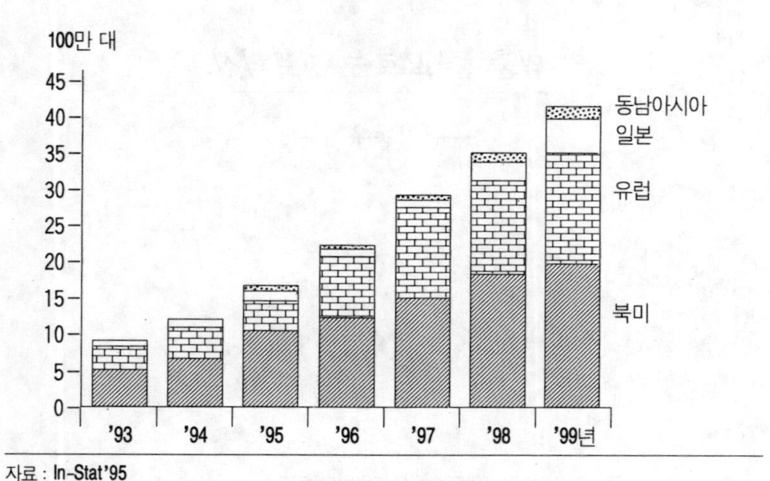

자료 : In-Stat'95

아니라는 반대의견도 나오고 있다.

일본도 미국과 마찬가지로 우여곡절을 겪고 있는데, 아무튼 어느 정도의 규제 범위가 나오지 않을까 생각한다.

인터넷에 위험한 면이 있는 것은 확실하지만, 그렇다고 해서 기술혁신을 멈추는 것은 불가능하다.

국경, 시차, 그리고 조직을 초월한 전자우편

일본 기업에서는 아직 전자우편을 많이 사용하지 않지만, 미국에서는 전자우편을 많이 사용하고 있다. 예전에는 근거리 통신망(Local Area Network : LAN)을 사용했지만, 최근에는 인터넷으로 보내는 쪽이 저렴하다고 해서 이웃 사무실에도 공개된 공용 네트워크를 사용해 전자우편을 보내고 있는 곳이 증가하고 있다.

미국, 일본에서 전자우편을 사용하는 방법의 차이를 나타내는 것으로 다음과 같은 에피소드가 있다.

실리콘 밸리의 다국적 기업과 일본의 대기업이 어느 날 도쿄에서 회의를 했다. 다음날 다시 미국에서 2차 회의를 했다. 미국 기업은 전날 일본에서 있었던 회의내용을 파악하고 있었지만, 일본 기업은 보고를 아직 받아보지 못해 상황이 어떻게 돌아가는지 알 수 없었다. 전자우편을 통해 실리콘 밸리에 위치한 미국 기업은 어떤 내용의 회의였는지 전달받았지만, 일본은 도쿄의 같은 사무실 안에서도 회의 내용이 전달되지 못했던 것이다.

그 정도로 미국과 일본에서는 정보의 전달 방식에 차이가 있기 때문에 교섭을 유리하게 이끌기 위한 정보 경쟁력에도 격차가 생기는 것이다.

이 일은 정보전달 속도에서의 문제일 뿐이다. 창조성(creativity)에 대해서는 따로 논의하지 않으면 안 된다. 그러나 적어도 정보를 어느 정도의 빠른 속도로 전달하는가에 관해서는 전자우편이 무척 중요하다고 생각한다.

정보가 무차별로 흘러 들어온다는 점에서는 팩스와도 공통적인 면이 있다. 이른바 전단류의 쓸데없는 잡동사니 우편물(junk mail)이 제멋대로 들어오기도 하기 때문이다.

그러나 이 현상에도 순응해갈 수 있다. 정보량은 많지만 정리가 어려운 상황과 접근할 수 없기 때문에 정보가 부족한 상황을 비교한다면 전자 쪽이 낫지 않은가 생각한다.

인터넷 하드웨어의 용량이라는 문제도 있다. 좀더 구체적으로 말하면 통신 매체의 하드웨어 폭의 용량 문제가 있다. 게다가 여러 가지 서버가 있어 그 서버가 연산 처리를 해서 다운로드할 때 용량이 포화 상태가 되는 경우도 있다. 비슷한 현상이 최근 간사이의 휴대전화에서 일어났다. 인터넷에서도 연결되기가 힘들면 서비스 제공자가 사용자들에게 환불해주는 경우가 있었다.

비디오 서버의 기술혁신도 중요하다. 휴대전화와 마찬가지로 포화 상태가 되었기 때문에 그 기술은 이제 쓸모 없다고 사용하는 것을 그만둘 수는 없는 일이다. 휴대전화도 지금에 와서 그만둘 수 없지 않은가?

결국 포화 상태를 해소하기 위한 기술을 만들어갈 수밖에 없다. 그러기 위한 비용 부담이 사용자에게 전가될 것이라는 마키노의 지적은 옳다고 생각한다.

정보기술의 영향에 따라 전략을 재검토해야 하는 기업들은 최고경영자가 먼저 멀티미디어나 인터넷 사용자가 되는 것이 중요하다.

일본에서는 한 사람당 한 대의 퍼스널 컴퓨터 보유율을 목표로 하고 있는 기업이 많이 있는데, 미국의 선진 기업은 이미 1인당 두 대를 보유하고 있다. 그러한 관점에서 미쓰비시상사의 마키하라(槇原) 사장이 스스로 적극적인 사용자가 되고 있을 뿐 아니라, 정보 시스템 부문의 최고책임자를 겸임하고 있다는 것은 무척 바람직한 일이다.

벤처기업의 경영자들도 이러한 역할을 담당하면 전략상 유리할 뿐만 아니라, 정보의 안전이나 유출에 대해서도 대책을 세울 수 있을 것이다.

6

글로벌 시대에서의 벤처

미국의 해외경영전략에서 배울 점 – *마키노*

세계로 뻗어가는 벤처 비즈니스 – *강동우*

목표는 서비스, 다행업, 환경관련 – *마키노*

미국의 해외경영전략에서 배울 점

— 마키노 —

해외로, 해외로!

나는 뉴비즈니스협의회의 뉴비즈니스 대상, 즉 앙트레프레나 (entrepreneur) 대상의 심사위원장을 맡고 있는데 1995년 수상 경영자 중 활동적인 여성이 있었다. 마루하 물산의 하야시(林) 사장으로, 그녀는 중국에서 연근을 매입해 대성공을 거두었다. 중년의 나이에 새로이 중국어를 공부한 다음 상하이에서 300km 떨어진 오지에 고무 장화를 신고 들어가 일본종 연근의 생산 지도와 가공 계약을 따냈던 것이다.

중국에서 성공을 거두려면 확실히 그 정도의 행동력쯤은 필요하다. 언어만 해도 대기업이 되면 각국의 말을 할 수 있는 사람이 여러 명 있겠지만, 중소기업의 경우는 혼자서 감당하겠다는 기백이 필요하다.

일본의 경우 미국으로 진출한 기업의 이익률 평균치는 적자이거나 엇비슷한 데 반해, 아시아로 나가면 3%를 넘는 흑자를 기록한다. 그러므로 벤처 비즈니스를 하려는 사람은 아시아로 나가는 것이 유리하다는 점을 염두에 두어야 할 것이다.

미국의 MBA를 졸업한 깃코망의 모기(茂木) 사장 이야기도 참고가 된다. 깃코망은 간장을 가지고 미국에 진출해 성공했는데, 먼저 미국에서 간장의 판매가능성에 대한 시장 조사를 현지 컨설턴트에 의뢰했다. 미국은 아웃소싱(outsourcing : 외부발주) 사회이므로 그와 같은 일을 외부에 의뢰하는 것은 당연하다.

그렇게 해서 미국의 어디에서 간장을 만들면 좋을지도 조사한 다음, 그에 근거해서 시골의 순박한 곳에서 간장을 만들게 되었다고 한다. 더불어 어떠한 요리에 간장이 들어가면 좋은지도 조사했는데, 간장이 의외로 육류요리와 생선요리에 잘 맞아 처음에는 생선에 양념장을 발라 굽는 것으로 쓰이기 시작해서 점차 순조롭게 진행되었다고 한다.

일본 기업은 현지의 책임자로 일본인을 배치하며, 그 일본인이 일본의 본사와 밀접한 연계를 맺게 한다. 현지 사람을 책임자로 발탁하지 않는 경향이 강하다. 어떤 일이 발생하면 현지 책임자인 일본인이 본사와 연락해서 그 지시에 따라 처리한다. 그와 같은 방식 때문에 현지인들의 불평을 사서 운영상의 어려움이 발생하는 경우가 많은 것 같다. 해외로 나가는 일본 기업은 현지인을 잘 이용하는 것이 불화를 막는 방편이 될 수 있을 것이다.

일본 사람은 해외에서도 단결하는 경향이 있다. 이런 면에 대해 외국인은『과연 일본인이 해외에서 현지인과 잘 어울릴 수 있을

까?』라는 걱정을 한다. 그에 비해 미국 사람들은 이웃 사람 모두
가 외국인이기 때문에 해외로 나가도 새삼스레 외국인이라는 의식
을 하지 않아도 된다.

대성공을 거둔 마부치 모터의 해외 전략

앞으로 세계 속에서 일본이 맡아야 할 역할에 대해 국제화(In-
ternationalization)와 세계화(Globalization)라는 두 가지 관점에서
살펴보도록 하자.

국제화는 수출과 관련된 사항이다. 수출에 관해서 일본은 이미
성공을 거두고 있다. 지금도 1,000억 달러 이상의 무역 흑자를 기
록하고 있으며 실력 이상으로 엔화 가치도 높아지고 있다. 그 때
문에 급료는 미국보다도 높지단 생활은 미국보다도 좋지 않은 상
태이다.

왜 그와 같은 일이 일어나는가? 구매력 평가에서 보면 1달러
가 180엔 정도이기 때문이다. 급료가 세계에서 제일 높아도 물가
가 세계에서 제일 높다면 생활은 그 정도로 풍요하지 못하다. 그
러므로 일본에서 열심히 일하고, 외국으로 나가서 돈을 쓰는 것이
제일 합리적이다.

현재 일본에서는 1년에 1,500만 명이나 해외여행을 떠나고 있
다. 내 경우도 손자들을 포함해서 15명의 가족이 여행을 간다고
하면 제일 가까운 이즈(伊豆)반도에 가는 것보다 괌으로 가는 것
이 더 저렴하다.

그렇기 때문에 일본인의 급료는 매우 높다. 그와 같은 높은 급

료를 지불해도 무리가 없는 일은 지금처럼 국내에서 생산해 수출하면 된다. 일본제 하이테크 제품의 세계 시장 점유율은 해마다 증가하고 있는 데 반해 미국은 상황이 좋지 않다.

그 밖에도 일본에는 국내산업으로 남겨놓을 수 있는 일들이 많다. 1990년대 들어 생산거점의 해외 이동이라는 것이 번창하고 있다지만, 현재 일본 제조업의 해외 생산비율은 아직 8% 정도밖에 되지 않는다.

앞으로는 임금 비율이 높고 부가가치가 낮은 업종은 해외, 특히 아시아에서 생산을 해야 한다. 인건비는 장소에 따라 다른데 중국 등은 50분의 1이나 10분의 1 수준으로, 대개가 일본의 30분의 1 정도이기 때문이다.

생산 거점을 해외로 옮겨 성공한 대표적인 예로는 마부치 모터가 있다. 마부치 모터는 워크맨이나 자동차 윈도의 개폐에 사용하는 소형 모터를 만드는 회사로, 세계시장에서 60%의 점유율을 보이고 있다. 마부치 모터는 중국의 선전(深圳)과 다롄(大連)에서 자사제품의 90% 이상을 생산하고 있다.

마부치 모터의 선전 공장을 시찰하러 간 적이 있었는데, 가장 먼저 놀란 것은 근로자들이 젊다는 점이었다. 중국에서는 도시로 나가면 3년 안에 농촌으로 되돌아오지 않으면 안 되기 때문에 18~19세에 일을 하러 나가서 22~23세에 돌아오는 것이 보통이다. 일본에서는 대부분 중년여성이 아르바이트로 공장에서 일하는 경우가 많다.

중국의 18~19세 여성들은 일본의 중년여성과 비교하면 먼저 솜씨가 뛰어나고 눈이 좋으며 체력이 좋다. 중국에서는 3교대제로 열심히 일하지만, 일본에서는 그와 같은 노동은 할 수 없다. 그런데도 일본의 급료는 한 단계 높다.

그렇다고 해서 마부치 모터가 생산 거점을 중국으로 모두 옮긴 것은 아니다. 설계 단계나 매뉴얼 만들기, 시험 생산 등은 일본 국내에서 하고 있다. 그리고 수출에 관련된 작업은 홍콩에서 하고 있다.

세계 규모로 전략을 세워라

클린턴 정부의 노동부 장관인 라이히(Robert Reich)는 세계 속에 거미집처럼 네트워크가 넓게 퍼진 기업이나 생산 방식을 「세계망(Global Web)」이라고 말하고 있다.

디트로이트 자동차를 만드는 데에도 전자부품은 일본의 것이 좋으므로 일본에서 구입하고 나머지는 동남아시아에서 만들어 가공하고, 이탈리아에서 디자인을 하고, 독일에서 엔진을 수입하는 식으로 세계에서 각각 제일 좋은 것, 채산이 맞는 것을 두루 모아서 조립하는 것이다. 그렇게 해서 한 대의 자동차가 만들어지면 그 차에는 몇 나라의 국기가 꽂히게 되는 셈이다.

미국 디트로이트에서 만든 차에 일본이나 대만, 이탈리아 등도 배당에 참여할 수 있는 구조가 된다.

라이히는 그렇게 만들어진 차를 판매한 수입의 38％는 미국 자동차업체의 몫이지만, 그 외는 5~6개 나라와 업체에게 돌아간다고 말하고 있다. 그리고 그것이 제품을 만들기 위한 제일 좋은 수단이라는 것이다.

이러한 움직임 속에서 벤처 비즈니스는 어떠한 포지션을 취해야 하는지, 그와 같은 형태의 네트워크 안에서 어떠한 위치에 있어야 하는지를 항상 염두에 두지 않으면 안 된다.

최근 일본은 미국과의 거래보다도 아시아와의 거래가 증가하고 있다. 아시아에는 미래의 시장 규모를 예측할 수 없는, 잠재적인 가능성이 풍부한 중국이나 인도 등이 있다.

현재 중국에 진출하고 있는 일본 기업은 5,200개 정도이다. 그 대부분이 중소기업으로, 벤처 비즈니스가 많다. 그러나 아직은 적다고 말할 수 있다. 언어소통 문제로 주저해서는 안 된다. 일본은 더욱더 적극적으로 해외로 나가야만 한다.

해외로의 생산거점 이동을 보면 미국이 약 28%이고 독일은 약 18%, 그에 반해서 일본은 겨우 8% 정도이다. 미국의 28%는 좀 지나칠지도 모르지만 일본의 8%라는 것은 미비하다.

28%나 해외로 나가는 미국이 산업 공동화에 직면해 재정적자와 무역적자에 고통받는 것은 당연하다. 그러나 미국 기업은 곤란하지 않다. 일본 IBM처럼 세계 속에 자회사를 만들어 그 곳에서 판매하면 별문제가 없다. 기업을 국가의 틀에 맞출 필요는 없는 것이다.

일본의 경우 신제품의 개발에 탁월하고 소재 생산 등에 관한 기술이 매우 뛰어나므로 그러한 기능을 계속 연마해가는 것이 중요하다. 국제 경쟁력이 있는 제품을 만드려면 국내에서 모두 만든다는 것에는 무리가 있다. 기업이 영구히 존속해가기 위해 분발한다고 하면 해외에도 나가야 하고, 그것을 위해서는 어느 정도의 어학을 습득하지 않으면 안 된다.

모기업에서 벗어난다

외국 기업이 일본에서 상거래를 시작하면 대개가 잘 되는 편이다. 일본에 상륙한 미국 기업의 이익률은 평균 8%에 달하고 있다. 일본 기업은 대개가 4% 이하이므로 두 배의 이익을 올리고 있는 셈이다.

나는 암웨이사의 사외(社外) 이사직을 맡고 있는데, 이 외자기업은 2,000억 엔 가까이 매출을 올렸고, 500억 엔 가까운 이익을 보았으며 세금을 공제해도 200억 엔이 넘는 순이익을 기록하고 있다. 존슨&존스사도 그렇다.

일본 사람들이 브랜드 제품을 선호하는 면이 있기는 하지만, 역시 해외로 나갔을 때의 경영 방식은 미국이 뛰어나다는 것을 알수 있게 해주는 예이다. 게다가 미국은 벤처 비즈니스가 강한 나라이므로 미국의 경영전략은 배울 필요가 있다.

최근 미국 기업은 GE에서도, IBM에서도 그러하듯 이익이 나오는데도 감원을 계속하고 있다. 일본은 특히 그러한 미국적 경영의 유연성을 배우지 않으면 안 된다. 모기업에 매달리는 계열회사식 일본형 중소기업은 이제 시대에 뒤떨어진다고 할 수 있다.

모기업으로부터 떨어져 나와도 좋다는 풍토가 형성되고, 새로운 산업 구조로 눈을 돌리는 것이 앞으로의 일본 중소기업이 배워야 할 경영 힌트이다.

세계로 뻗어가는 벤처 비즈니스

— 강동우 —

지방 회사가 세계로 나가는 시대

제1장에서 사이버 스페이스라는 새로운 개척지의 출현이 기업가에게 커다란 기회를 주고 있다고 말했다. 한편 중국·베트남·인도를 주축으로 하는 아시아 대형경제의 출현과 구조 전환도 다른 의미에서 비즈니스 개척지의 확대라고 말할 수 있다.

이와 같은 환경에서 일본 기업의 글로벌화는 극히 수동적이라고 생각한다. 엔고 등의 외부 현상에 따라 어쩔 수 없이 해외로 나간다든가 외국상품이 자사 상품보다 성능이 좋기 때문에 들여온다는 자세에는 자립성이나 적극성이 없는 것처럼 느껴진다.

물론 그 중에는 야오한의 와다(和田)라든가 소프트웨어 뱅크의 손정의처럼 그렇지 않은 경우도 있다.

〈INC 매거진〉을 보면 미국 기업은 20만 달러 이상의 매출액을 올린 성장률 높은 500개 회사 중 45%가 미국 이외의 시장에서 물건을 팔고 있다.

미국의 미주리 주에 애플 매킨토시용 팩스 소프트웨어를 만들고 있는 STF 테크놀로지라는 조그만 회사가 있다. 그 회사의 사장을 우연히 회의에서 만났는데, 그의 권유에 따라 그와 함께 자가용 비행기를 타고 STF를 방문한 적이 있다.

그 회사 가까이에 착륙했을 때 주위에는 아무것도 없었다. 온통 밭뿐이고 소음 하나 들리지 않았다. 조금 더 가보니 옛날의 서부극에나 나옴직한 마을이 있었고 양쪽에는 가로수가 줄지어 있었다. 그러한 곳에서 매킨토시용 팩스 모뎀 소프트웨어를 만들고 있었던 것이다.

게다가 그 회사의 총매출액 중 4분의 1은 일본 시장에서 올리고 있었다. 그 때문에 그 소프트웨어는 한자를 사용할 수 있게 되어 있고 포장에도 일본어가 쓰여 있었다. 그 안에는 일본어로 쓰여진 매뉴얼까지 들어 있었다(그 일본어가 약간 이상하다고 하는 사람도 있지만).

그런 회사가 미국 미주리 주 콩코디어에 있었다. 나는 미국의 여러 곳을 많이 가보았지만, 콩코디어라는 마을은 처음 들었다. 세인트루이스와 캔자스시티의 사이에 있는데, 지도를 봐도 잘 나타나 있지 않은 마을이다. 그러한 곳에 해외로 물건을 팔고 있는 회사가 있었던 것이다.

게이트웨이 2000이라는 다이렉트 마케팅을 하고 있는 퍼스널 컴퓨터 제조회사도 사우스다코타에 본사가 있다. 그 본사의 주위는 밭이다. 그렇기 때문에 농사를 짓다가 그만둔 사람들을 저임금으로 고용하기도 한다. 이 회사도 최근 일본에 진출하고 있어 화제가 되고 있다.

세계를 뛰어다니는 오너의 자세

그리고 비즈니스 커뮤니케이션을 확립하는 것도 중요하다. 일본무역진흥회(JETRO)에는 비즈니스 커뮤니케이션 위원회라는 것이 있다. 그 곳에서는 일본인 사이의 커뮤니케이션과 이문화 간의 커뮤니케이션이 어떻게 다른가에 대해 논의한다. 일본 사회는 하나의 마을 같은 것이고 씨줄과 날줄처럼 서로 연결되어 호흡이 일치한다. 즉 하이 컨텍스트 컬처(high context culture)이기 때문에, 굳이 말하지 않아도 통한다.

그러나 다른 사회에서는 확실하게 말하지 않으면 통하지 않는다. 인터넷도 결국은 영어로 하는 것이고, 따라서 영어는 중요하다. 외국인을 대상으로 영어 능력을 측정하는 토플(TOEFL)이라는 시험이 있는데, 그 토플 성적이 아시아 안에서는 일본과 타이가 대표적으로 점수가 낮다. 그 밖의 아시아 국가는 전부 상위권이다. 중국도 상위권에 속한다.

중소기업의 간부나 오너가 적극적으로 세계로 나가기 위해서는 정보와 인맥이 필수 사항이다. 또한 세계 정보의 절반은 영어로 표기되어 있으므로 영어를 모르면 안 된다.

인맥에 대해서도 영어 구사 여부가 큰 영향을 미친다. 중국에 가서 영어를 할 수 있으면 많은 도움이 된다. 저쪽은 일본어가 안 되고 이쪽은 중국어가 안 되니까 영어를 사용해야 하는 경우가 많다.

그리고 기업이 글로벌화할 때 그 계획을 세워보는 것도 중요하지만, 중소기업에서는 경영자가 직접 뛰어들어 몸으로 부딪치는 것이 결정적인 해결책이 되는 경우가 의외로 많다.

INC 500회사 안에 들어 있는 미국 기업의 사장 중에는 2개월에 1회는 반드시 1주일을 할애해 자신의 업계와 관련된 해외 무역 박람회에 간다는 사람이 있다. 그렇게 해서 자사 제품에 대한 각국, 각 지역의 반응이나 경쟁사의 상황 등 투자 현황을 피부로 느끼고 어떤 식으로 글로벌화를 전개해나갈지 생각하는 것이다.

중국에서 성공한 중소기업의 작전

전에 상하이에 갔을 때 실리콘 밸리에 본사를 둔 미국 중소기업의 합병회사를 방문했었다. 그 회사는 연간 매출액이 1억 달러 정도로, 전자 부품을 만들고 있는데 생산원가를 낮추기 위해 상하이에 합병회사를 만들었던 것이다. 그 합병회사는 설립한 지 2년도 채 경과하지 않았는데, 전자부품 분야에서는 상하이에서 최고의 수출을 기록하는 기업이 되었다.

그 회사의 사장이 합병회사를 만든 방법은 독특하다. 그는 먼저 실리콘 밸리 내에 있는 화교 도임을 방문했다. 그 화교 모임에서 여러 사람들을 만나면서 중국에 강력한 연줄을 갖고 있는 사람과 접촉하는 데 성공했다. 또한 그 일에 열쇠가 되어줄 사람을 소개받았다.

그렇게 해서 그 사장은 자기 혼자서 중국으로 건너갔다. 대기업은 여러 가지 정보를 가지고 있지만, 중소기업에는 그러한 정보가 없다. 될 수 있는 한 외부의 자원을 이용하는 것이 하나의 요령이다. 실리콘 밸리의 화교 인맥도 그 하나라고 할 수 있다.

그 사장이 화교 인맥을 통해 소개받은 중요한 인물은 중국의 현 중앙정부 안에서 다섯 손가락 안에 드는 실력자의 자제였다. 그 사람이 정보처리나 전자업계에 많은 관심을 가지고 있었기 때문에 일은 척척 잘 진행되었다. 그 사람과 함께 부모되는 사람도 정보처리나 전자업계는 앞으로 중국에서도 전략적으로 중요한 부분이 될 거라며 후원자가 된 모양이다.

중국의 어디와 손을 잡고 조인트 벤처를 한 것인가 하는 것은 매우 흥미 있는 부분이다. 상대가 기업이 아닌, 국가 연구기관의 일부이기 때문이다. 중국은 상인 지향성(장삿속)이 강하기 때문에 보통의 기업과 합병 회사를 만들면 잘 안 되는 경우가 많다. 이런 이유에서 그와 같은 파트너를 선발하는 것이다.

그 문제에 부딪쳤을 때 국가 연구기관의 일부를 파트너로 하고 고위층 자손을 회사의 중역으로 한다는 아이디어가 떠올랐던 것이다. 그와 같은 구성으로 합병 회사를 만듦으로써 중국측 파트너는 돈은 내지만 참견은 하지 않게 되어 미국측으로서는 매우 바람직한 상태가 되었다.

성공담에서 배우는 포인트

중국 본토에서 그와 같은 준비를 하면서 미국 회사는 대만 공장의 노하우를 그대로 이전한다. 그 미국 회사는 대만에 이미 생산 기지를 가지고 있었기 때문에, 과거 대만의 생산 기지에서 공장장을 맡고 있었던 싱가포르인과 컨설턴트 계약을 체결해 중국과의 합병회사의 공장장 자리를 맡겼다.

새로운 회사의 공장장에 취임한 싱가포르인은 기술자 몇 사람을 데리고 그 공장으로 와서 멋진 생산 라인을 가동해 눈 깜짝할 사이에 상하이 제일의 수출고를 자랑하는 전자부품 제조회사를 만들었다.

이 합병회사의 성공담에서 몇 가지 배울 점이 있다. 합병회사의 내부에 미국인 대 중국인이라는 구도가 생겨버리면 반드시 여러 가지 문제점이 생긴다. 그런데 거기에 화교라는 매개자를 투입해 원활하게 진행시켰다.

두번째로 미국측에서 최고경영자가 직접 나섰다는 점이다.

세번째로 싱가포르인 공장장 등 외부 인재를 능숙하게 잘 이용했다는 점이다.

네번째로 제휴처를 신중하게 골랐다는 점이다. 이것은 어느 분야에 대해서나 적용되는 것이다. 생산은 물론, 판매대리점도 그 지역에서 처음 만나는 제휴처라는 점에서 중요하기 때문에 그 사람들이 정말로 적당한 대상인가를 철저히 검토해야 한다.

게다가 이해 관계가 밀접한 제휴처 이외에 자신의 회사나 산업 분야의 후원자를 갖는 것도 중국과 같은 인치(人治)국가에서는 매우 중요하다.

구미기업의 글로벌 경영

구미의 기업은 사업에 따라서 자국에 본부를 두지 않는 경우도 있다. 일본에서는 야오한의 와다가 상하이에 본사를 두어 주위를 놀라게 했다. 오너 경영자이기 때문에 그와 같은 일도 할 수 있는 것이다. 일본의 중소기업들도 점점 이러한 전개를 해가는 게 좋다고 생각한다.

글로벌 경영에 대해《가이시(일본의 외자계 기업)》라는 책을 썼을 때 여러 가지를 생각했다.

제일 먼저 글로벌 경영이 발달한 나라는 국내 시장이 좁은 나라이다. 예를 들면 스위스의 네슬레가 그렇다. 인스턴트 커피인 네스카페는 일본에서도 60% 이상의 시장 점유율을 자랑하고 있다. 네덜란드의 필립스도 그렇다. 네덜란드는 GDP에 대한 수출 비율이 40%나 달하고 있고 수출에 의해 성립된 나라이다.

네덜란드와 영국의 합병회사인 유닐레버, 일본에서는 일본레버로 되어 있는데, 이 곳도 무척 지독하다. 임원이 되면 반드시 2개 국어를 하지 않으면 안 된다. 국내 시장이 없기 때문에 해외전략에서 더 한층 분발하게 되는 셈이다.

필립스의 반도체는 지금까지도 세계 10위 안에 들어 있는데, 반도체 본부장은 영국인이고 그 밑에 있는 4개의 사업부 부장 중 두 명이 네덜란드인이고, 나머지 둘이 미국인이다. 영업 담당은 독일인이고 공장은 영국, 프랑스, 미국에 흩어져 있다.

미국 기업 외에도 이러한 나라들의 기업이 추구하고 있는 글로벌 경영은 우리에게 많은 참고가 될 것이다.

목표는 서비스, 대행업, 환경관련

— 마키노 —

성공한 기업가의 독자적인 발상법

앙트레프레나 대상을 심사하는 과정에서 접했던 과거의 주요 수상자들과 인상에 대해 언급하기로 하겠다.

1988년 대상을 수상한 신니혼고항(新日本工販)은 통신단말기와 그 단말기의 정교한 응용개발에서 업적을 쌓아 새로운 정보기기분야의 판매에 성공했다. 사장인 오쿠보 히데오(大久保秀夫)는 예술 분야의 후원자로서도 알려져 있다.

1989년 수상자는 「일본 디지털연구소」의 마에자와 가즈오(前澤和夫)였다. 일본 디지털연구소는 중소기업용 회계사무소의 전용 오프콘을 특화해서 성공했다.

그 해 최우수상을 수상한 「사에라」, 「카우보이」 등은 모두 강한 인상으로 기억에 남았다. 사에라의 기타니(木谷忠義)는 오카야마

(岡山)에서 고급스러운 속옷의 이미지를 정착시켰다. 카우보이의 나카노(中野)는 홋카이도에서 주말 판매 쇼핑센터를 설립해서 그 후 조에쓰(上越) 파워센터의 주점포가 되었다.

1990년에 대상을 수상한 것은 「고에이」의 에리카와 요이치(襟川洋一)였다. 고에이는 게임소프트웨어 분야에서 계속 히트작품을 생산함으로써 실적을 급신장시켰다.

또 그 해는 인트레프레나(사내 기업가) 대상에 아세로라 개발자가 선발되었다. 아세로라는 새로운 과실음료로 「니치레이〔寺田信三(데라다 신조)〕」에서 판매되었는데, 프로골퍼인 오카모토 아야코(岡本綾子)의 CM 출연으로도 큰 화제가 되었다.

1991년 뉴비즈니스 대상의 수상자는 「소호마프」의 스즈키 게이(鈴木慶)와 「위즈 위스톤 저팬」의 야마다 후미히코(山田文彦) 두 사람이었다. 소호마프는 퍼스널 컴퓨터 중고시장을 개척했고, 위즈 위스톤 저팬은 폐기물 재생처리시장을 활성화시켰다.

또 그 해에는 여행 티켓을 싼 가격으로 제공하는 시스템을 개발한 「HIS」의 사와다 히데오(澤田秀雄)가 최우수상을 수상했고, 그 후의 대활약도 잘 알려져 있다.

1992년에는 「유키구니 마이타케」의 오히라(大平喜信)와 「이탈리아드」의 기타무라 요타로(北村陽太郎)가 뉴비즈니스 대상을 수상했다. 유키쿠니 마이타케는 버섯의 양산으로 시장을 제패했으며, 이탈리아드는 수명이 짧은 패션 의류 판매에 성공했다. 양사 모두 그 후로도 업적을 신장시켜 화제가 되고 있다.

1993년에는 「플라자 크리에이트」의 오시마(大島康廣)가 뉴비즈니스 대상을 수상했다. 플라자 크리에이트는 후지필름과의 계약을 통해 여성고객 대상의 DPE 점포 수를 비약적으로 확대시켰다. 사장인 오시마는 학창시절부터 기업가였으며, 사업을 발전시켜 필름의 오리엔탈 재건에 일익을 담당했던 것이다.

1994년에는 「갸가 커뮤니케이션스」의 후지무라(藤村哲哉)와 「네고로산업(根来産業)」의 네고로 이사오(根来功)가 뉴비즈니스 대상을 수상했다. 갸가 커뮤니케이션스는 판권을 수입하는 것에서, 네고로산업은 신섬유에 대한 독자적인 재활용 발상이 평가받았다.

서비스업 벤처가 기대되는 이유

서비스업이 앞으로의 성장을 유일하게 지속시켜주는 역할을 할 것이라고 한다. 미국에서는 서비스업이 실업자들을 거의 흡수하고 있다. 일본의 경우 종업원의 증가율이 가장 높은 곳은 여전히 제조업이지만, 이제부터는 서비스업의 벤처 비즈니스가 증가해갈 것이다. 왜냐하면 개업률과 폐업률을 보더라도 제조업은 개업률보다 폐업률이 높기 때문이다. 물건을 만들어 파는 제조업은 장소와 시설 설비에 따른 투자비용이 필요불가결하기 때문에 좀처럼 개업을 하기가 힘들다.

그 점에서 서비스업은 극단적으로 말한다면 전화기 한 대만 가지고도 할 수 있기 때문에 설비투자 면에서 개업이 유리하다. 게다가 서비스업은 작은 틈새를 공략해 성공할 가능성도 높다.

〈니혼게이자이신문〉의 서비스업 종합 조사에 따르면 제일 급신장한 것은 전년 대비 24.1% 신장한 텔레마케팅(telemarketing)이다. 이것은 이른바 텔레비전 쇼핑으로 익숙해진 것으로, 정보관련 산업으로 봐도 좋을 것이다.

두번째로 많은 것은 입욕 서비스 등의 재택 간호서비스 관련으로 23.4% 신장했다. 이것은 단적으로 말하면 고령화 사회·노인 사회로 들어갔다는 것을 의미한다.

세번째로는 정보 관련으로 위성방송이 20.2% 신장했다. 아마도 미국의 메이저 리그에서 대활약을 한 노모 히데오(野茂英雄) 선수의 영향이 없지 않은데, 10~20만대의 규모로 늘어나고 있다.

네번째도 정보 관련으로 도시형 CATV가 18.5% 신장했다.

다섯번째는 음악·연극·운동경기 등 서비스 분야에서의 신장이다.

여섯번째는 소비자 금융이다. 소비자 금융도 아콤이나 다케후지(武富士) 등의 큰 거래처가 되면 이익 면에서 은행을 능가하고 있다. 기타 비디오 대여가 10.3%, 장례업이 7.6%, 그리고 이용업 등으로 이어진다.

요컨대 신장하고 있는 것은 정보 관련이나 실버 관련 분야이다. 그와 더불어 금융이나 대여업도 신장하고 있다.

하락세인 업종은 먼저 회원제 리조트 클럽이 12.8%로 눈에 띄고, 골프 회원권 매매, 영화 배급, 관광버스, 결혼식장 등이 그 뒤를 잇고 있다. 관혼상제라고 하는데, 관혼은 안 되고 상제가 잘 된다는 것도 역시 인구 분포의 고령화 영향이라 할 것이다.

또 하나 특징적인 것은 여성 관련부분이 신장하고 있다는 점이다. 백화점 하면 빠질 수 없는 것이 화장품과 의류이다. 뉴비즈니스 대상 심사에서도 가장 많은 분야에 후보로 올랐다.

그 밖에 필름 현상 · 인화 · 확대(DPE) 체인점인 플라자 크리에이트 등도 일종의 여성 관련이라고 말할 수 있다.

대행업의 활기찬 미래

기타 자료에 따르면 대행업도 유망하다고 한다. 예를 들면 고용 대행업인 리쿠르트, 경비 대행업인 세콤, 조사 대행업인 컨설턴트 등이 신장하고 있다.

공공단체가 맡고 있는 업무의 틈새를 공략하면 성공할 수 있다. 그렇지만 내가 미국에 갔을 때 MCI라는 민간통신기업이 NTT에 해당하는 AT&T와 경합해서 꽤 고전하는 것을 본 적이 있다. 그래서 교세라의 이나모리에게 『NTT와 같은 곳에 맞서서 DDI는 잘 돼갑니까? 지금이라도 손을 떼는 게 어떨지…』 하고 말한 적이 있다.

그러자 이나모리는 『공공기관의 생산성이 낮으니까 민간 기업이 이기는 것 아니겠습니까?』라고 대답했다. 이것은 확실히 맞는 말이다.

다른 예를 들어보자. 중학교나 고등학교 선생님은 자신의 차 안에서 낮잠을 자도 일반 회사와는 달리 해고되지 않는다. 그러한 와중에 여러 학원이 생겨서 크게 번성하고 있다. 통신으로 첨삭지도를 하는 것으로 시작한 베넷세 코퍼레이션 등도 비약적으로 커가고 있다.

개별보호 서비스, 베이비 시터(baby-sitter : 아기 돌봐주는 사람), 개인 교습 등 개인 차원의 대행업도 성장하고 있다.

기업의 대행업도 살펴보면 법률에 관계하는 변호사, 경영 컨설턴트, 연구 개발에서의 두뇌 집단, 인재파견업, 예를 들면 파소나(구 템포러리 센터) 등이 성장세를 보이고 있다.

기업의 대행업이라고 하면 옛날에는 물건을 만들어 납품하는 하청업이 대부분이었지만, 최근에는 화이트 칼라 대행업이 신장하고 있다.

새로운 수요를 만족시키는 사업이 성공한다

환경에 관련된 「환경 서비스」도 신장하고 있다. 재활용, 폐기물 처리, 중고품의 유통·보수 등 세 가지 시장을 종합하면 현재 12조 엔 규모가 된다. 산업구조 심의회 지구환경부회의 예측에 따르면 2010년쯤에는 23조 엔 산업이 될 것이라고 한다.

그 중에서도 재활용과 폐기물 처리 시장은 대단히 크다. 히타치 조선이 대적자에 허덕일 때 쓰레기 소각로로 다시 일어섰다. 폐기물 처리는 여러 가지 단계가 있는 커다란 시장인 셈이다.

뉴비즈니스 대상 심사를 할 때 느낀 점은 환경 보존에 관한 부분에는 성공할 가능성이 많다는 점이었다. 카레트(용해용 유리 부스러기)와 같은 것의 재이용이나 중고 퍼스널 컴퓨터 등의 재이용, 그리고 자연 재료만을 사용한 카펫 등이 신장하고 있다.

「시간 산업」도 신장하고 있다. 이 시간 산업에는 정반대의 두 가지 시장이 있다. 시간 여유가 있는 사람을 목표로 하는 것과 조금이라도 시간을 벌고 싶어하는 사람을 목표로 한 것이다.

전자는 가정주부 등에게서 쉽게 볼 수 있다. 문화센터를 열심히 다녀서 무엇을 배우고자 하는 사람들을 보면 돌아오는 길에 차를 마신다거나 식사 하는 것을 즐기는 부인들이 있다. 이들을 목표로 하는 시장이다. 매년 1,500만 명이나 해외여행을 나가기 때문에 레저에서도 이들이 커다란 수요층을 형성하고 있다.

후자의 예를 들어보자. 세탁점에서도 안경점에서도 속도가 빠른 것이 번성하고 있다. 시간이 없을 때 아무데서나 간단히 먹을 수 있는 인스턴트 라면이 수십 억 규모의 시장을 형성할 정도로 이 시장도 건재를 과시하고 있다. 좋아하는 것을 사와서 집에서 먹는 외식과 내식의 중간인 중식에 관련된 시장 규모도 매년 커지고 있다.

7

벤처 비즈니스 창출의 제언

벤처 비즈니스의 성장 요건

— 마키노 —

벤처 기업가로서 성공하는 경영자형

일본 사회에서 성공하는 기업자형을 살펴보기로 한다.

뉴비즈니스 대상 수상자에 대한 설문조사를 정리해보면 경영자형으로는 「속전속결형」, 기업가의 능력으로는 「선견력」, 「판단력」이 눈에 띄었다.

그러나 이러한 것들은 저절로 몸에 익힐 수 있으므로, 보통 사람에게도 기회는 많이 있다고 생각한다.

주목할 것은 기업에 결단력과 그것을 유지시키는 동기, 즉 추진력이 있는가 하는 것이다. 사업화 동기는 「사명감」, 「신감각(사업화의 가능성)」, 「위험이 탄력적이다」라는 요소가 강하다는 점이 두드러졌다. 이는 「전문 기능을 활성화하고 싶다」, 「인맥·경험을 활용하고 싶다」, 「취미가 생활의 일부가 되었다」라는 예상된 대답을 상회하고 있다.

중소기업의 앙트레프레나 대상 선정과정에서는

① 강한 기업가 정신을 가지고 있다
② 니치 마케팅(틈새시장 공략)을 시작했다
③ 고객의 수요에 대해 새로운 시점에서 접근했다
④ 목표를 향해 끈질기게 파고들어 갔다

와 같은 공통점이 눈에 띄었다.

신제품을 만드는 데 중요한 것은 「개발 과정」이다. 일본에서는 기초적 연구 성과를 가지고 벤처 비즈니스를 일으킨 예는 드물다. 기초연구(R)보다는 개발(D)에 치중하고 있다. 일본은 개발분야에서 과거에 많은 실적을 올렸다.

노벨상 수상자를 7명이나 배출한 실적을 올린 AT&T의 벨 연구소의 환경이 1984년 AT&T의 분리 후 완전히 바뀌었다는 것을 다음과 같은 기사에서 알 수 있다.

벨 연구소에서는 예전부터 논문을 쓰고 연구하고 그것으로 평가받는 분위기가 조성되어 있는데, 분리 후에는 많은 연구원들이 기초연구에서 제품개발부문으로 이동되었다. IBM은 과거 3년 간 R&D 비용을 35% 삭감했다. GE에서는 장기 프로젝트에서 R&D의 비율을 80년대의 30%에서 최근에는 그 절반 정도로 내리고 있다.

일본에서도 히타치가 기초 연구소로 알려진 중앙 연구소를 해체하고 각 사업소의 관할로 이행해간다는 보도가 있었다. 미국의 하이테크 제조회사와 마찬가지 경향을 읽을 수 있다.

— 〈니혼게이자이신문〉 1995년 7월31일

스톡 옵션이야말로 경제 활성화의 열쇠

1995년 7월18일 경제단체연합회의 신사업 위원회에서 〈새로운 산업 · 새로운 사업 창출에 대한 제언—기업가 정신을 육성하는 사회를 목표로〉라는 보고서가 나왔다. 이것은 〈오가(大賀) 보고서〉라고 불리고 있는데, 꽤 훌륭한 것으로 높이 평가받고 있다.

이 안에 있는 몇 가지 항목에 대해 지적하고 싶다.

먼저 스톡 옵션에 대해서이다.

미국에서는 많은 기업에서 스톡 옵션이 활용되고 있는데, 특히 벤처기업에서는 기업의 장려금으로서, 또 우수한 인재를 확보해 사업 발전에 주력시키기 위해 불가결한 제도가 되고 있다. 앞으로 일본에서도 위험이 큰 벤처기업이나 기존 기업에서는 신규사업 분야에 참가하는 사람들에 대해 그 위험에 걸맞은 성공의 보수를 분배하는 제도로서 스톡 옵션을 도입해야 할 것이다.

— 〈오가 보고서〉

스톡 옵션이라는 것은 기업이 경영자나 종업원에 대해서 소정의 가격으로 자사주를 구입하는 권리를 주는 것이다. 그 권리를 얻은 사람은 기업의 성적이 좋아지면 주가도 올라가게 되어 거액의 돈을 벌게 된다. 따라서 벤처기업이 상장될 정도로 커지면 종업원에게도 금전적인 보답이 있게 된다.

일본에서는 상법상 자사주 취득이 규제를 받고 있고, 새로운 주식발행의 유효 기한이 6개월로 규정되어 있어 원칙적으로는 스톡옵션이 허용되지 않았다. 그러나 1995년 11월 말부터 시행되고 있으므로 그 성과가 기대된다.

미국 등에서는 스톡 옵션으로 몇백억 엔이나 벌어들인 사람들도 많다. 일본도 점점 그렇게 되어갈 것이다. 현재 인정기업이 25개사이고, 그 중 70% 정도가 스톡 옵션 적용을 신청할 예정이라 한다.

스톡 옵션이 도입된다면 적용 대상 기업이 신규사업법상 인정기업에 한정되어 있으므로 정부의 인정이 있어야 한다. 그 때문에 특정 신사업으로서 상품의 생산, 노동 제공, 신기술을 활용하는 상품 생산 등의 측면에서 높은 신규성을 가지는 동시에, 그 기업의 이익 추구에만 한정되지 않고 차세대를 담당하는 산업 분야를 개척하느냐에 대한 엄격한 심사가 따르게 된다.

어쨌거나 스톡 옵션이 허가된다는 것은 일본의 벤처로서도 매우 기쁜 소식이라 할 수 있다.

「왜 인정기업이어야만 하나?」라는 의문이 떠오를 수도 있다. 스톡 옵션제도를 인정기업 이외에도 개방하고 활성화시키는 방향으로 나아가야 할 것이다.

일본에서는 지금까지 스톡 옵션과 비슷한 형태로 소니가 임원들의 보수 일부를 워런트(warrant)로 지불했던 일이 있다. 워런트도 회사의 성적이 좋아지면 가치가 오르기 때문에 스톡 옵션과 비슷한 효과를 나타냈다.

스톡 옵션에 대해 대장성은 신중한 태도를 보이고 있으나, 통산성은 매우 긍정적이고 적극적인 편이다. 스톡 옵션제도가 도입되면 벤처기업뿐만 아니라, 경제전반에 걸쳐 활성화의 중요한 계기로 작용할 것이기 때문이다.

미국에서는 컨설팅 회사인 가드너 그룹이 1986년 미국 점두주식시장인 NASDAQ에 주식을 공개했다. 이 회사의 종업원은 약 1,000명이었는데, 그 중 150명이 100만 달러가 넘는 개인자산을 가진 부자가 되었다고 한다.

이런 스톡 옵션으로 억만장자가 된 대표적인 사람이라면 월트 디즈니의 마이클 아이스너 회장이 있다. 아이스너 회장은 회장에 취임할 때 10년 후에 행사할 수 있는 메가 그랜드라는 장기 옵션을 얻었다. 그 권리를 10년 후인 1993년 행사하여 약 2억 228만 달러, 엔화로 200억 엔 이상의 수익을 올렸다.

스톱 옵션은 월급이 아니라, 보장금과 같은 성격이다. 미국에서는 이것이 있기 때문에 성공하고자 하는 의욕이 자꾸 생겨나는 것이 아닐까? 일본에서도 조속한 시일 내에 이 제도를 도입해서 경제활성화를 꾀하는 것이 좋을 것이다.

성장기는 인재 채용의 절대 호기

이미 인재 유동화의 조짐이 브이는데, 이것을 촉진하기 위해서는 우선 기존 기업의 고용 관행을 크게 전환해갈 필요가 있다. 갓 졸업한 이들 중심의 채용, 종신 고용, 또는 장기근속고용을 전제로 한 인사·대금제도나 사내 완결형 복리후생을 개선하고 개방형의 고용체계를 구축해야 할 것이다. 근속 연수에 따라 퇴직금이 증대되는 제도를 개선해서 급여 부분의 확대를 꾀하는 것도 하나의 방법이다.

〈오가 보고서〉

중소기업에는 일류대학을 나온 인재가 많지 않기 때문에 근속 연수에 따라 증대되는 퇴직금 제도를 개선해서 급료를 올리는 것이다.

쇼고주킨(商工中金)이 실시한 중소기업 채용 조사에서 채용을 삼가고 있는 중소기업에 그 이유를 물었더니 32%가 우수한 인재가 없기 때문이라고 대답했다고 한다. 그러나 1993년에는 그 대답이 15%로 줄어들었다. 즉 불황으로 인해 우수한 인재들이 중소기업에 모여들기 시작했다는 것이다.

또 4년제 대학을 졸업한 여성의 20.7%가 종업원 99명 이하의 회사에 취직했다고 한다. 중소기업으로서는 지금이 인재를 채용하는 절호의 기회인 셈이다.

벤처 캐피털리스트의 투자감각

벤처기업의 발달에는 기업에서 성장·발전의 각 단계에서 필요한 자금을 원활하게 조달할 수 있는 구조가 불가결하다.

미국에는 앤젤이라는 개인투자가, 벤처 캐피털, 연금기금을 비롯한 기관투자가, 제휴기업, 연방·주정부계의 중소기업 지원자금 등 벤처기업의 각 발전 단계마다 다양한 주체가 기금을 지원하고 있다. 이러한 것은 일본에도 많은 참고가 되고 있다.

〈오가 보고서〉

앞으로는 이러한 구조를 중요시하지 않으면 안 된다. 앤젤(천사)이라는 것은 자선가라는 의미와 함께 여유 자금을 제공하고 혹시 잘 되면 좋다는 생각이 기본적이다.

제논 그룹의 마스다 시게루(增田茂)는 미국에서 벤처 캐피털리스트 회사를 설립했다. 그는 미국에서 성공한 일본인 캐피털리스트이다. 그와 만나서 이야기를 들었는데, 매우 특징적인 것은 설립의 기획 단계에서부터 그가 참여한다는 점이다. 일본에서는 융자가 중심이 되기 때문에 경영에 참여할 수가 없다. 심사가 있고 담보가 있는 형태로 진행시켜간다. 그러나 미국의 경우는 실패할지 모른다는 각오하에 기획 단계부터 참여해 자신도 책임감을 가지고 자금을 회전시킨다.

벤처 비즈니스라는 것은 돈을 벌 때는 크게 벌지만 위험도 그만큼 크다. 그렇기 때문에 자문(consultant) 체계가 필요한 것이다.

주식시장 육성이 곧 벤처의 발전

일본의 점두주식시장은 현재로서는 그 역할을 충분히 완수하고 있다고 말하기 곤란하다. 본래 증권시장은 철저한 정보 개방과 투자가의 자기 책임 원칙하에 발전되어야 한다. 행정 및 관계자가 규제적 발상에서 탈피해 활력 있는 증권시장을 하루 빨리 구축하는 것이 독립 벤처기업 육성뿐만 아니라, 주식시장 전체의 소생에 꼭 필요하다.

〈오가 보고서〉

미국에는 NASDAQ라는 매우 큰 조직이 있다. 증권시장에 상장되어 있는 주식보다 NASDAQ에 상장되어 있는 주식이 주가 총액에서 보면 더 크다. 마이크로소프트나 인텔 등도 NASDAQ에 상장하고 있다.

NASDAQ에서는 증권회사 등의 마켓 메이커가 자기가 취급하는 증권 종목에 대해 매매 가격의 시세값을 컴퓨터에 입력시켜 단말기의 화면에 나타나도록 한다. 주문이 있을 때는 최저매매 단위를 거래하지 않으면 안 된다. 그러면 투자가들은 그것을 보고 매매 주문을 한다. 이것이 마켓 메이크(market make) 활동이 활발한 이유이다.

그러나 일본에서는 점두주(店頭株)가 그렇게 간단하게 팔리지 않는다는 데 문제점이 있다. 다만, 최근에는 1994년에 100사를 넘는 신규공개가 있어서 매우 활발해지기 시작하고 있다.

그 중에서 첫번째 특징은 비교적 규모가 작고 매출액이 100억 엔 이하, 경상이익이 5억 엔 이하의 기업이 상장의 약 절반을 차지한다는 것이다. 비교적 조그만 기업이 점두상장을 하는 것이다.

두번째는 지방기업이 활발한 활동을 한다는 점이다. 지방기업에 개성적인 경영자가 많아져서 성장을 거듭하고 있는 경우가 늘고 있다.

세번째로는 제조업 중 반도체라든가 액정 관련과 같은 특수한 기술, 특화기술을 가지고 있는 기업의 점두상장이 많아지고 있다는 점이다.

네번째로 비제조 기업에서는 틈새시장을 개척한 독특한 기업이 나오고 있다는 점이다. 저렴한 항공권 판매 등이 그렇다. HIS는 얼마 전까지만 해도 조그만 회사였지만, 곧 JTB를 추월할 정도로 성장했다. 주유소에 적합한 정보처리 서비스, 인재 육성 컨설턴트, 재생제품 판매점 등 새로운 서비스가 나오고 있다.

벤처 상장 완화에 관한 도쿄 증권거래소의 특별 규제와 더불어 도쿄 증권거래소의 일본 내 주식은 1부와 2부, 특별 3부제로 되어 성장기업에 대해 매력적인 시장으로 만드려고 애쓰고 있다. 주식 시장의 육성은 벤처 비즈니스 육성과 밀접한 관계가 있으며, 앞으로의 전개가 기대되는 바이다.

정부 · 지방자치단체의 인큐베이터 기능

새로운 산업 · 새로운 사업의 발전은 기본적으로는 민간의 주체적인 활동에 의한 것이지만, 정부로서도 이를 적극적으로 지원해야 할 것이다. 국가는 종래의 기존 중소기업에 대한 보호 · 육성정책에서 대담하게 탈피해서 독립 벤처기업, 특히 연구개발형 기업 지원에 주력해야 할 것이다.

〈오가 보고서〉

이것은 국가라든가 자치단체가 벤처 비즈니스를 육성해야 한다는 제안이다. 그러려면 지방자-치단체가 인큐베이터 기능을 정비하지 않으면 안 된다.

오사카(大阪) 연구개발형기업진흥재단(FORECS재단)의 예를 살펴보자. FORECS재단은 오사카와 지방기업이 출자해서 연구개발형 중소기업을 지원하기 위해 설립된 기관이다. 이런 식으로 간접적으로 벤처 캐피털 기능을 수행하고 있는 것이다.

내가 심사위원장으로서 관계하고 있는 통산성의 VEC도 벤처를 육성하기 위해 만들어진 기관이다. 이 VEC에서는 심사에 통과하면 무담보로 융자해준다.

미국은 사정이 어떻게 다를까? 나는 《벤처입국 미국의 보고서》를 읽고 놀랐다. MIT에는 MIT 엔터프라이즈 포럼이 있어서 기업가와 대학과의 교류 조직을 만들어 공부도 하고 사람도 소개하기도 한다는 것이다.

MIT가 그와 같은 활동에 열심인 것에는 두 가지 이유가 있다고 한다. 하나는 우수한 학생의 확보로 이어진다는 것, 또 하나는 MIT의 지원을 받은 회사가 대학에 자금 원조를 한다는 것이다. 미국의 대학은 그와 같이 적극적으로 민간과 제휴해가고 있다.

일본형 코퍼레이트 벤처링에 눈을 돌려라

일본형 벤처의 경우는 대기업이 사내 조직으로 만든다든가 퇴직자를 하나의 그룹으로 모아 운영해가는 코퍼레이트 벤처링(corporate venturing)이 많은 편이다. 대기업이 직접 독립형 벤처를 만드는 형태도 많아졌다.

대기업, 정부, 은행, 벤처 캐피털 모두 「벤처 비즈니스」에 관심을 기울여야 할 것이다.

오가 보고서를 읽는 방법

— 강동우 —

대기업의 변신

주로 대기업이 모여 있는 경단련이 이와 같은 훌륭한 보고서를 냈다는 사실은 매우 대단한 것이라고 생각한다.

이 기세를 가속화하기 위해서는 무엇을 해야 할까? 먼저 민간에서 할 수 있는 것부터 실현했으면 싶다. 예를 들면 독일에도 경단련과 같은 조직이 있는데, 때로는 중소기업에서 회장이 나오기도 한다. 안경테를 만들고 있는 로덴스톡사의 회장이 독일의 경단련에 해당되는 조직의 회장이 된 적이 있다.

일본은 전후 재벌해체방침에 의해 오너(owner) 경영자가 적어지고 임금을 받는 전문 경영인이 증가하고 있다. 한국이나 중국과 비교해서 전문 경영인이 매우 현저하게 증대되고 있는 것이다. 오너 경영이라는 것은 동의를 얻어 일을 추진하는 경영이 아니다.

자신이 오너라는 감각을 갖고 추진해 나가야만 벤처를 성공시킬 수 있는 것이다.

한국에서는 1982~83년에 걸쳐서 반도체 메모리를 연구했다. 그 때 많은 사람들이 이 연구가 무모하다고 반대했다. 삼성 그룹 안에서도 반대가 있었다. 그러나 오너의 결심과 추진으로 오늘이 있었던 것이다. 그와 같은 타입의 경영이 벤처에 가까운 것이다.

다음으로 벤처 제품이나 서비스가 시장에서 정당한 평가를 받아야 한다. 오가 보고서에는, 그러기 위해서는 개방된 유통 구조를 갖춰야 한다고 쓰여져 있다. 이렇게 되려면 대기업이 계열형 유통기구에서 독립형 유통기구로의 이행을 적극적으로 추진하는 것이 중요하다. 그러나 그렇게 하면 경쟁상 불리한 위치에 서게 되는 대기업도 상당수 생겨날 것이다. 이러한 이유로 이것은 독점 금지법의 강화와 아울러서 하나의 포인트가 될 것이다.

또 인재의 유통성을 높이기 위해서도 대기업의 역할은 크다고 할 수 있다. 휴렛팩커드에는 잡 포스팅(job-posting)이라는 제도가 있다. 다른 자리로 옮기고 싶을 때에는 직속상사에게 상담하지 않고 사내에서 회람되고 있는 구인정보를 보고 원하는 자리의 책임자에게 직접 말한다. 그렇게 해서 그 일이 성사되면 원래 상사에게 통보하기만 하면 된다. 원래 상사에게는 그 일에 대한 거부권이 없는 것이다. 이렇게 함으로써 직장 내 횡적 이동이 촉진되는 것이다.

지금까지 일본에서는 그만두고 싶어하는 사람을 좀처럼 놔주지 않는 경우가 많았다. 이제부터는 이런 일이 없도록 시정할 필요가 있지 않나 생각한다.

미국의 실례에서 배운다

우선은 교육기관의 문제부터 논하기로 하자.

일전에 미국의 텔레비전에서 지방의 초등학교에서 기업가 교육을 하고 있는 것을 보고 깜짝 놀랐다. 아이들이 길거리에서 팝콘 가게나 아이스크림 가게를 열기로 하고 팀을 만든다. 어떻게 하면 잘 팔릴지 계획을 짜고 비용을 산출해 선생님이 운영하는 은행에서 융자를 받아 실제로 기계를 빌리고 판매를 시작한다. 이와 같이 팀이 서로 경합해서 소년 기업가가 탄생되는 것이다.

옛날로 거슬러 올라가서 내가 MIT에 입학해서 처음으로 기숙사에 들어가던 날 이웃방의 학생이 자기소개를 했다. 같은 1학년이었지만 놀랍게도 명함을 내밀며 고등학교 재학 중 컴퓨터 언어 처리를 하는 컴파일러(compiler)를 개발해 판매했다면서 나에게도 손님을 소개해줄 것을 부탁했다.

또 MIT에는 MIT 엔터프라이즈 포럼이라는 것이 있어서 졸업 후에도 동창회와 연계해 지역마다 기업을 촉진시키는 활동을 하고 있다.

MIT 엔터프라이즈 포럼이라 하면 「기업을 위한 사업계획의 공개 진단」을 떠올리는 미국 사람이 많을 것이다. 기업가로서는 아직 신참인 셈인데, 열심히 손질한 사업계획을 공공장소에서 다양한 경험을 가진 패널리스트(panelist : 공개 토론회의의 대표 발언자)들을 앞에 두고 설명하며 필사적으로 설득하는 것이다. 청중도 그것을 보고 자신들의 참고로 삼는다. 경우에 따라서는 이 자리에서 사업 기회로 직접 이어지기도 한다. 이러한 과정이 부당한 경쟁에 이용되지 않는 이유는 각자의 윤리관 때문일 것이다. 개방된 환경이라 할 수 있다.

이 포럼의 1995년 10~11월까지의 스케줄에는 다음과 같은 행사가 들어 있다.

- 온라인 의료 서비스 사업 입문
- 하이테크 벤처의 발상, 기획, 그리고 실행
- 자신에게 맞는 자금 조달방법
- 벤처 지역으로서의 샌디에이고
- 벤처 비즈니스의 지적소유권을 확립
- 첫출발 진단
- 기술 면허 전략에 대해서
- 인터넷 사업에 관한 의견 교환
- 사외(社外) 중역회의의 설치, 운영방법

이러한 모임은 일방적인 강연이 아니라, 토론을 바탕으로 한 상호 학습 형태를 취하고 있다.

토론이라고 하면 사례별 연구를 기본으로 하는 하버드 비즈니스 스쿨이 있다. 하버드에도 기업에 관련된 「앙트레프레나십」이라는 과목이 있다. 나도 이것을 수강했는데 그 가운데에는 흥미진진한 사례도 있었다.

형제 두 사람이 협력관계의 형태로 회사를 세웠는데, 어느 정도 규모가 커지게 되자 큰 언쟁이 일어나 사내의 의사 소통이 마비상태가 되었다. 두 사람 모두 사업을 계속하고 싶었지만, 함께 일하고 싶지는 않았다. 어떻게 해야 할까?

이 해결방법에 대해 교실에서 학생들끼리 논쟁을 벌였다. 그런 뒤 놀랍게 선생이 사례의 주인공인 두 사람을 교실로 데리고 왔다. 이야기를 듣고 한 사람이 상대방의 주식을 사기로 했다. 문제는 그 방법인데, 경매 방식으로 하기로 결정되었다. 즉 서로의 주식에 대해 높은 가격을 매긴 쪽이 상대가 가진 주식을 사는 것이었다. 입찰 시간과 마감 시간까지 결정했다. 결국 형이 교통 체증으로 마감 시간에 맞춰 도착하지 못해 동생이 이기게 되었다.

벤처 비즈니스를 육성하기 위한 인프라

기업을 실제로 경영하는 데는 여러 가지 인프라가 필요하다. 회사 안내 작성, 인쇄에서 결산까지 모든 것을 자신이 직접 하지 않으면 안 된다.

가장 곤란한 것은 하이테크 분야의 경우 시제품을 테스트하는 설비가 필요한데, 사용 빈도가 생산 설비에 비해 많지 않고 가격이 비싸다는 것이 단점이다. 그러나 이러한 면에서는, 일본은 상당한 인프라를 가지고 있는 것 같다.

일전에 후쿠시마(福島)현에 갔을 때 아이즈(會津)대학을 방문한 적이 있었다. 정보과학을 중심으로 설립된 대학이라는 점도 흥미로웠지만, 일본 대학이면서도 교수진의 절반 이상이 외국인이라는 점이 매우 신기했다. 학생은 거의 일본인이었지만 수업은 영어로 진행되고 있다고 했다.

이 대학을 후원해주는 곳이 여럿 있어서, 설비는 상당히 훌륭한 편이었다. 실리콘 그래픽스사의 기계를 비롯해 멀티미디어의 화상과 음성을 만드는 설비까지 모두 갖추어져 있었다. 게다가 이러한 설비는 지역 내의 기업에도 개방되어 있었다. 또 가까이에 후쿠시마현 하이테크 플라자라는 시설이 있어서 측정기기 등 시제품의 환경시험에 사용할 수 있는 대형장치도 갖추고 있었다. 실리콘 밸리에서도 이 정도의 설비는 좀처럼 찾아보기 힘들 것이다.

그러나 그 밖의 인프라를 살펴보면 의외로 간단한 것도 일본에서는 비용이 비싸다는 것에 놀라지 않을 수 없다. 비용 경쟁력에 큰 영향을 미치는 인건비, 그리고 건물 임대료 등등을 비롯해 아주 사소한 항목, 이를테면 명함을 만드는 비용까지 정말로 지독하다.

또 실리콘 밸리에는 주식이나 스톡 옵션과 교환 등을 도와주는 일류 변호사나 회계사, 컨설턴트가 많이 있다. 그러나 그에 비해 일본에서는 보수 지급 방식에 규제가 있기 때문에 벤처를 시작하기 위해 필요한 노하우 또는 노하우를 가진 사람에게 접근하는 것이 쉽지 않다.

사내 기업가가 성공하기 위한 조건

이상과 같은 구조가 구비되기 전까지는 대기업이 후원자가 되는 기업 내 벤처 비즈니스가 새로운 비즈니스 창출의 현실적인 방법이라는 견해가 있다. 그러나 사내 벤처에서 새로운 비즈니스를 할 수 있다는 착각에 빠져서는 안 된다.

앞에서도 말한 것처럼 인텔의 노이스와 무어일지라도 사내 벤

미국 기업가의 고민

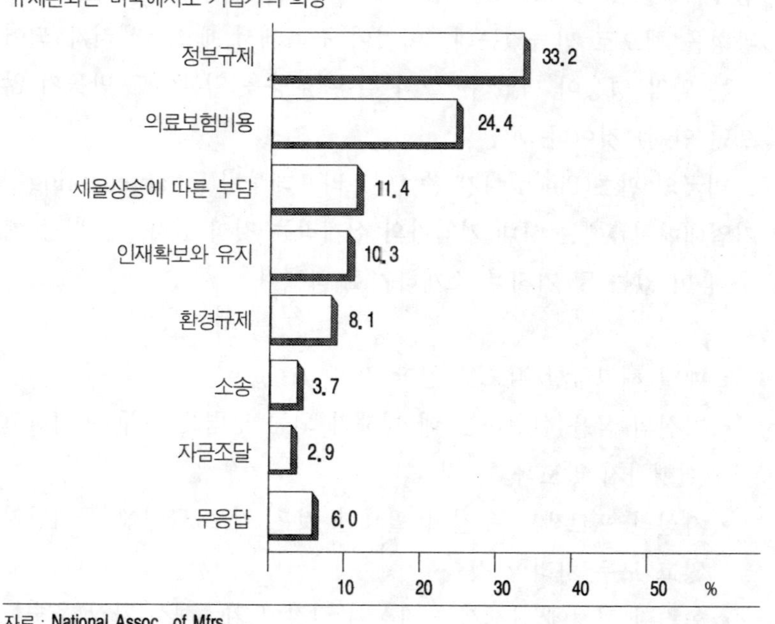

자료 : National Assoc. of Mfrs

처였다면 MOS 메모리나 마이크로 프로세서는 개발할 수 없었을 것이다. 따라서 독립해서 회사를 일으킨 것이다. 대기업 내에서 벤처를 하려고 해도 대기업의 경영자가 결단을 내리지 않는 한, 기업의 관습이나 문화 등에 저해되어 새로운 것을 만들 수 없기 때문이다.

1980년대 초 《새로운 기계의 영혼(Soul of the New Machine)》 이라는 책이 있었다. 데이터 제너럴(Data General)이라는 미국 컴퓨터 회사에서 회장이 신형 컴퓨터를 개발하려고 했을 때, 이를 반대하고 사내에서 그룹을 만들어 회장이 생각했던 것보다도 좋은 컴퓨터를 만들었다는 것이다. 트레이시 키더(Tracy Kidder)가 그 과정을 책으로 만들었는데, 이것이 뉴욕에서 베스트셀러가 되어 그는 일약 영웅이 되었다. 그와 같은 토양을 일본에도 만들지 않으면 안 될 것이다.

미국의 핀초(Pinchot)가 쓴《인트라프레누링(Intrapreneuring : 기업내벤처)》에는 사내 기업가의 십계라는 것이 있다. 십계 중 매우 흥미 있는 몇 가지를 소개하기로 하겠다.

• 매일 해고당할 각오로 일할 것
• 자신의 꿈을 실현하는 데 방해가 되는 명령은 모두 회피하고 실행하지 않도록 할 것
• 자신의 프로젝트 추진에 필요한 것은 직무 규정에 구애받지 않고 모두 처리할 것
• 협력자 선정에 관해서는 자신의 직감에 의존해서 가장 우수한 인물과 함께 일할 것
• 될 수 있는 한 오랫동안 비공개적으로 철저히 할 것. 활동이 공개적으로 되면 기업의 거부 반응을 유발할 수도 있기 때문이다.
• 사전에 승인을 얻는 것보다도 추후 허락을 얻을 것

조금 극단적이지만, 요컨대 대기업의 관료적 체질을 회피하라고 말하고 있는 것이다.

인텔, 애플, 데이터 제너럴도 결국 대기업 안에서는 구속을 받

기 때문에 밖으로 나와서 기업을 일으킨 것이다. 이것을 역으로 생각하면 사내 벤처를 성공시키기 위해서는 대기업들도 결단력 있게 위험을 짊어지는 문화의 다양성을 허용하지 않으면 안 된다는 것이다.

새로운 사업 창출에 필요한 문화

마키노 노보루(牧野昇) 선생과의 대담은 국경과 세대를 넘는 시도라는 점에서 처음에는 불안한 부분도 없진 않았다. 그러나 실제로 만나본 노보루 선생은 풍부한 경험, 그리고 성실한 인간성으로 새삼스레 정이 가는 그런 분이었다.

모두 알고 있겠지만 선생은 일본뿐만 아니라 세계에서도 보기 드물게 다재다능한 사람이다. 발명가, 대학 강사, 공장장, 일류 두뇌집단(think tank)의 창설자 등등 뛰어난 분석력과 행동력을 겸비하고 있다.

마키노 선생과 처음 만난 것은 몇 년 전 선생의 강연 때였다. 나는 직업상 세계를 돌아다니며 강연을 하기도 하고 들어도 보았지만, 마키노 선생의 강연처럼 내용도 훌륭하고 진행도 재미있었던 적은 없었다. 한 시간 반이라는 시간이 무척 짧게 느껴졌다. 나는 이렇게 재치 있는 말솜씨를 가지고 있는 사람은 세 명밖에 만나지 못했다.

한 분은 MIT의 경제학 명예교수로 노벨상을 수상한 로버트 솔로(Robert Solow) 교수이다. 나는 공학을 전공했지만, 유감스럽게도 MIT 공학부의 다른 교수는 화술 면에서 그다지 훌륭한 사람이 없다. 두번째로는 하버드 비즈니스 스쿨의 기술·오퍼레이션 관리학의 권위자인 로버트 헤이즈(Robert Hayes) 교수이다. 그리고 세번째가 바로 마키노 선생이다.

요즘처럼 커뮤니케이션의 능력이 필요한 시대에서도 아직 그러한 기술과 실력을 갖추고 있는 강사는 그다지 많지 않다. 그것이 선생이 인기 있는 이유 중 하나가 아닌가 싶다.

그와 같은 거장과 대담을 하기에는 내가 역부족이라는 것은 당연하다. 그러나 나는 몇 가지가 흥미로웠다. 그것은 이 글에서 내가 말한 기업에 관한 몇 가지 포인트가 책을 만드는 데에도 다소 반영된 것은 아닌가 하는 것이다.

먼저 세대를 넘는 아이디어의 유통성이다. 미국과 일본을 불문하고 많은 벤처 비즈니스가 젊은 세대에 의해서 이루어지고 있다. 그런데 동양에서는 유교의 영향탓인지 사회의 커뮤니케이션 형태가 동년배끼리에서만 행해진다. 특히 대기업의 경우 이 경향이 강하다. 그러나 벤처 비즈니스를 육성한다는 점에서 보면 좋은 아이디어를 찾아내서 세대나 직함을 불문하고 격한 논쟁을 주고받을 때 비로소 경쟁에서 살아남을 수 있는 상품이나 기업이 만들어지는 것이다.

이러한 면에서도 아직 미숙한 나를 상대로 대담에 응해주신 마키노 선생에게 감사드린다.

다음으로 벤처 비즈니스를 육성하는 데는 국제성도 중요하다. 그러한 점에서 나는 이 글을 읽는 이들에게 참고가 되도록 주로 미국의 벤처 비즈니스 동향에 관해 이야기했다.

1995년 말 2주 반 정도 미국에 가서 최신 정보를 모았다. 나는 14년 간 미국에 살았지만 그 절반 정도는 서해안의 실리콘 밸리와 인텔 본사에 몸담고 있었다. 그러나 이번 방문에서 매우 놀라웠던 점은 실리콘 밸리의 변신이었다. 옛 모습은 아무것도 남아 있지 않았다.

1960년대에는 밭뿐이었던 지역이 1970~80년대를 거치면서 세계의 전자부품 사업의 중요한 밀집지가 되어 있었다. 이번 방문에서 격심한 경쟁 속에서 살아남은 기업 또는 새롭게 생긴 벤처가 멀티미디어라는 큰 물결 속에서 맹렬히 돌진하고 있는 것을 실감했다. 1980년대에 일본에게 시장을 잠식당했던 씁쓸한 경험을 바탕으로 미국 기업도 경쟁력을 상당히 강화해가고 있었다.

실리콘 밸리의 벤처 비즈니스 육성 능력에 대해서는 미국에서도 자주 논의되고 있다. 최근에도 보스턴 주변의 128번 국도 주변〔DEC, 데이터 제너럴, 왕(Wang Labs)이 탄생한 지역〕은 왜 실리콘 밸리만큼 다이내믹하지 않은가 하는 것이 화제가 되고 있다.

나도 보스턴 근교의 MIT를 졸업하고 실리콘 밸리로 옮겨와서 인텔사에 입사했다. 지금 와서 돌이켜보면 보스턴이 너무 추웠기 때문에 따뜻한 곳으로 가고 싶다는 소망도 있었을지도 모른다. 그러나 여기에서 살고 보니 실리콘 밸리 특유의 문화, 그리고 인프라에 압도되는 나날의 연속이었다.

경단련이 새로운 벤처 비즈니스에 관련된 제언 〈오가 보고서〉를 냈는데 실리콘 밸리도 참고한 것 같았다. 그 곳에서 비즈니스를 경험한 사람으로서 하고 싶은 말은, 벤처 비즈니스 육성의 인프라를 만드는 것에만 집중하지 말고 새로운 사업 창출에 필요한 문화를 찾아내자는 것이다.

그러기 위해서는 기업을 하는 사람, 또 그 육성에 관계되는 사람의 의식 개혁이 필요하다. 내가 일본의 친구들에게 의식 개혁을 권유하는 것은 의식 개혁이야말로 「국제화」라는 표현이 매너리즘에 빠지는 동안, 일본 경제가 외국의 비즈니스맨이 이해하기 쉬운 진정한 국제화를 달성하는 데 지름길이기 때문이다.

미력하나마 그와 같은 시도에 조금이나마 이 책이 보탬이 되었으면 한다.

강 동 우

■ 역자 약력

유세준
 • 동국대학교 대학원 졸업(경제학 박사)
 • 청주대학교 경영학과장 역임
 • 인천대학교 경상대학장 역임
 • 현재 인천대학교 교무처장 겸 학생처장

〈저서〉
「경영학 원론」「한국중소기업의 재무구조 개선 방안」
「중국의 투자환경과 한국기업의 진출방안」 외 다수

대기업을 이기는 벤처비즈니스

지은이 / 마키노 노보루 · 강동우
옮긴이 / 유세준
펴낸이 / 박용정
펴낸곳 / 한국경제신문사
등록 / 제2-315(1967. 5. 15)
제1판 1쇄 인쇄 / 1996년 10월 10일
제1판 1쇄 발행 / 1996년 10월 15일
주소 / 서울특별시 중구 중림동 441
대표전화 / 360-4114
직통 / 313-8293 · 312-0063
FAX / 360-4552

* 파본이나 잘못된 책은 바꿔 드립니다.
ISBN 89-475-2182-5

값 5,500원

韓經 베스트 셀러

경영혁명

톰 피터스 著
盧富鎬 譯
〈신국판 / 820면 / 13,000원〉

정보화사회는 불확실성이 심화된 사회로 기업경영의 경기규칙과 새로운 경영스타일 등 생존을 위한 변화는 가히 혁명적이라 할 수 있다. 이 책은 전통적 사고에 도전하고 조직이 사람을 위해 존재할 수 있도록 변화를 유도하는 45가지 경영 실천전략을 제시한 기업경영자의 「비즈니스 핸드북」

해방경영

톰 피터스 著
盧富鎬 外 共譯
〈양장 / 1,300면 / 19,000원〉

2000년대의 경영思潮는 무엇이며, 이를 주도할 기업의 생존철학은 무엇인가? 이 책은 장장 1300여 페이지에 걸쳐 좋은 기업을 만들기 위한 조직의 창조적 파괴와 일반통념으로부터의 해방을 핵심테마로 다루고 있다. 자유분방한 필치와 수많은 은유, 패러독스가 곳곳에 번득여 방대한 분량임에도 불구하고 읽는 동안 재미와 해방감·지적 충족감을 더할 수 있다는 것이 이 책의 또 하나의 매력으로 꼽힌다.

경영파괴

톰 피터스 著
安重鎬 譯
〈양장 / 374면 / 8,500원〉

이제 리스트럭처링·리엔지니어링으로는 급변하는 시대를 이길 수 없다. 기업의 조직은 상상을 초월하는 혁신적인 네트워크형이 되어야 한다. 이 책은 세계적 경영컨설턴트인 저자가 새롭고 번뜩이는 아이디어로, 기업을 운영하는 사람들이 재창조와 혁명을 향해 전진할 수 있도록 9개의 「넘어서」를 중심으로 구체적인 혁신방안을 제시한다. 변하지 않는 기업이나 조직은 망한다는 것이 저자의 한결같은 주장이다.

강대국의 흥망

폴 케네디 著
李曰洙·全南錫·黃建 共譯
〈양장 / 720면 / 13,000원〉

역사학자이자 미국 예일대 교수인 저자는 이 책에서 지난 5세기 동안에 전개되었던 강대국들의 흥망성쇠는 그들의 경제력과 군사력의 변화 추이에 의해서 좌우되어 왔다고 진단하면서 앞으로 다가오는 21세기에는 미국·소련·서유럽 등의 쇠퇴와 중국·일본 등 아시아 강국들의 부상을 예언하고 있다.

21세기 준비

폴 케네디 著
邊道殷·李曰洙 譯
〈양장 / 500면 / 9,000원〉

우리에게 충격을 던졌던 「강대국의 흥망」 저자 폴 케네디 교수가 다가올 21세기 문명세계의 각종 위기를 명쾌히 분석·정리한 力著. 이 책은 향후 30년 사이 우리에게 닥칠 도전들과 그 대응방법 그리고 인구폭발, 환경오염, 생물공학, 로봇, 통신수단, 가공할 파워의 양태 등을 특유의 통찰력으로 분석·예견하고 있다.

메가트렌드 2000

J. 나이스비트 외 共著
金弘基 譯
〈신국판 / 366면 / 8,000원〉

90년대는 정치개혁과 경이적인 기술혁신 등으로 지금까지와 전혀 다른 변화양상을 인류에게 줄 것이다. 이 책은 90년대의 변화로 경제호전, 예술의 번영, 시장사회주의의 출현, 복지국가의 쇠퇴 등 과거 어둡고 비관적인 세기말적 변화보다는 밝고 새로운 흐름을 부각시키고 있다.

메가트렌드 아시아

존 나이스비트 著
홍수원 譯
〈양장 / 402면 / 9,500원〉

미래예측가로 세계적 명성을 떨치고 있는 나이스비트는 21세기에는 아시아가 미국주도의 상품과 소비시장에 가장 중요한 경쟁자로 떠오를 것으로 내다보고 현재 역동적으로 변화하는 아시아의 모습을 8가지 트렌드로 분석했다. 특히 아시아와 세계라는 맥락 속에서 한국에 나타나고 있는 폭넓은 변화들을 살펴보고 한국이 아시아에 기여할 수 있는 방안도 짚고 있다.

20세기를 움직인 思想家들

기 소르망 著
姜偉錫 譯
〈신국판 / 426면 / 8,000원〉

20세기 사상계에 결정적인 영향을 끼친 사람들은 과연 누구인가? 프랑스의 저명한 경제학자이자 사회학자인 기 소르망이 29명의 생존해 있는 현대 최고의 사상가들과 직접 인터뷰를 통해 그들 자신이 선택한 분야에 전생애를 바친 사상과 사색의 놀라운 통찰을 기록·정리한 「살아있는 도서관」.

資本主義 종말과 새 世紀

기 소르망 著
金廷銀 譯
〈양장 / 628면 / 13,000원〉

세계적인 석학인 저자는 자본주의 체제를 위협하는 것은 「도덕적 불만」과 「자본주의에 대한 몰이해」라고 주장하고 러시아·중국·독일·인도 등 20여개국의 자본주의의 현재 모습을 생생히 그리고 있다. 또한 현재의 자본주의의 위기를 극복하기 위한 구체적인 실천방안에 대해서도 통찰하고 있다. 방대한 분량인데도 르포형식이어서 전혀 지루하지 않다.

未來企業

피터 F. 드러커 著
高柄國 譯
〈신국판 / 416면 / 8,000원〉

우리 시대의 가장 뛰어난 사회·경영학자이자 미래학자인 드러커의 「변혁시대 기업생존전략 연구서!」이 책은 세계경제가 빠르게 바뀌어 감에 따라 기업의 새로운 생존 경영전략 모델, 즉 기업이 살아남기 위한 5가지 변화조건을 예리하게 분석·고찰했다. 특히 사회·경제학 시각에서 세계경제 흐름을 통찰한 力著.

자본주의 이후의 사회

피터 F. 드러커 著
李在奎 譯
〈양장 / 328면 / 7,000원〉

사회주의권의 급격한 몰락 이후 탈냉전 분위기가 고조되고 있는 시점에서 향후 세계 변화가 주요 관심사로 떠오르고 있다. 저자는 이 책에서 향후 세계는 자본주의적 시장구조와 기구는 그대로 존속되겠지만 주권국가의 통제력은 약화되고 전문지식을 갖춘 지식경영자 중심의 글로벌화 사회가 될 것으로 예측하고 있다.

미래의 결단

피터 드러커 著
이재규 譯
〈양장 / 408면 / 9,000원〉

현대 경영학의 대부, 피터 드러커는 이 책에서 「스스로를 다시 생각함으로써 회생할 수 있다」고 전제하고 기업의 5가지 치명적 실수, 가족기업을 경영하는 규칙, 대통령을 위한 6가지 규칙, 새로운 국제시장의 개발, 3가지 종류의 팀조직, 오늘날 경영자들이 필요로 하는 정보 등 바람직한 미래를 실현하기 위한 방안을 제시했다. 21세기를 위한 새롭고 시의적절한 경영지침서.

株式市場 흐름 읽는 법

浦上邦雄 著
朴承源 譯
〈신국판 / 200면 / 4,000원〉

언뜻 보기에 무질서하고 예측이 불가능해 보이는 주식시장도 장기적으로 보면 특정한 네 개의 국면을 반복하고 있다는 것을 알 수 있다. 이 책은 이 네 개의 국면이 어떤 요인에 의해 순환되고 각각의 국면에서 어떤 종목이 활약하는가를 숙지할 수 있는 안목을 제시해주고 주식투자시 리스크를 피하는 방법에 대해서도 설명하고 있다.

2020년

해미시 맥레이 著
金光田 譯
〈양장 / 408면 / 9,000원〉

다양한 인종만큼이나 상이한 정치·경제체제와 독특한 문화양식을 지니고 있는 세계 각국은 저마다의 주무기를 앞세워 미래를 설계하고 있다. 경제평론가인 저자는 앞으로 국가경쟁력을 결정짓는 요인은 기술이 아니라 문화라고 강조한다. 현재 세계 각국이 처해 있는 상황을 바탕으로 치밀하게 전망한 2020년경의 세계 각국의 모습에서 우리의 진로는 어떻게 모색해야 할 것인가?

제 4 물결

허먼 메이너드 2세
수전 E. 머턴스 共著
韓榮煥 譯
〈양장 · 4×6판 / 239면 / 5,000원〉

21세기의 범세계적 기업을 위한 낙관적 비전을 제시하고 있는 이 책은 한마디로 앨빈 토플러의 《제3물결》을 넘어 장기적 미래의 비전에 집중하고 있다. 지금 우리가 공업호를 상징하는 「제2물결」에서 탈공업화적인 「제3물결」로 전이하고 있지만, 머지 않은 곳에서 새로운 차원의 「제4물결」이 밀려오고 있다고 진단하고 있다.

장사꾼으로 거듭나는 사무라이 혼

金亨澈 著
〈신국판 / 372면 / 7,000원〉

일본의 자민당 정권이 붕괴된 이후 연립정권이 난립하고 고베 대지진, 증권스캔들, 옴 진리교 사건 등이 일어난 격동기에 필자가 주일특파원으로 취재하며 느낌을 쓴 현장 르포다. 기자의 눈을 통해 「기모노 속에 감춰진 진짜 일본」을 만난다.

유머人生 1∼5

韓國經濟新聞社 出版部 編
〈4×6판 / 244면 / 4,500원〉

많은 독자들이 1980년 12월부터 본지에 연재되고 있는 「海外유머」를 책으로 출판했으면 어떨지, 그런 계획은 없는지 물어왔다. 이 책은 독자들의 그러한 성원에 보답하자는 취지로 출판되었으며 우스갯소리 가운데서 인생의 묘미도 느끼고 영어공부도 할 수 있게끔 어려운 단어나 語句에는 주석을 달아 독자들의 이해를 돕고자 노력했다.

암 이렇게 하면 두렵지 않다

엘리자베스 웰런 著
민진식 監譯
〈신국판 / 350면 / 8,000원〉

암의 원인과 관계되는 발암물질, 역학조사, 그리고 생활주변에서 많이 발생하는 암의 위험요소에 대한 방대한 문헌과 보고서를 분석 정리했다. 또 이미 알고 있는 암 유발요인을 쉽게 설명하고 암 학자들의 연구결과와 철저한 문헌조사, 특히 인간에 대한 직접 연구결과에 근거한 암 원인을 전반적으로 개관하여 예방의학의 길을 제시했다. 감역자는 연세대 의대 암센터원장.

사장님, 원가를 아십니까

鄭明煥 著
〈신국판 / 220면 / 5,000원〉

원가의 개념을 정확히 이해하지 못하고 경영한 결과 장부상으로는 흑자임에도 결손이 나는 등 어려움을 겪는 경우가 흔히 있다. 이 책은 경영자는 물론 회계와 기획담당자를 포함한 기업 관계자들에게 원가의식과 관리회계의 개념을 심어준다는 취지에서 원가에 관련된 제반사항을 소설식으로 알기쉽게 다룬 力著

프로 영업인이 되는 길

시라이 기요시 著
朱明甲 譯
〈신국판 / 240면 / 5,000원〉

번번히 뛰어난 실적으로 동료들의 부러움을 사는 사람이 있다. 이런 사람은 흡사 영업의 귀재, 타고난 영업인처럼 보인다. 그러나 잘 나가는 영업사원과 그렇지 못한 영업사원의 차이는 반드시 있게 마련. 이 책은 결코 평탄하지만은 않은 영업의 세계에 입문하거나 프로로 거듭나기를 바라는 영업사원들이 갖춰야 할 지식에서부터 각양각색의 고객을 다루는 방법까지 100가지 성공비결을 공개하고 있다.

中國을 넘어야 한국이 산다

崔弼圭 著
〈신국판 / 260면 / 5,000원〉

최근들어 한국 기업의 중국 진출이 러시를 이루고 있으나 중국의 문화와 관습을 정확하게 이해하지 못한데서 많은 어려움에 부딪치고 있다. 이런 시점에서 쓰여진 이 책은 중국인들의 상술을 예리하게 파헤치고 있으며 한국 기업이 중국 현지에서 맞닥뜨리는 여러 사안들에 관해 심도 있게 분석하고 대안을 제시하고 있다.

멀티미디어 시대

조지 길더 著
權和爕 譯
〈신국판 / 208면 / 5,000원〉

이 책에서 저자는 단순영상매체인 TV는 종언을 고하게 되었고 TV의 기능에 컴퓨터와 광통신 기능이 부가된 네트워크망을 갖춘 종합미디어로서의 텔레퓨터가 멀티미디어 시대에 주역으로 등장할 것을 예고한다. TV를 보면서 진행자와 대담을 나누고 가상현실을 즐길 수 있는 놀랍고도 신기하기까지 한 세계의 출현을 예고하고 있다.

기업혁신 팀경영

존 R. 카첸바크·더글러스 K. 스미스 共著
梁浚容 譯
〈신국판 / 364면 / 7,000원〉

구성원의 기술·경험·통찰력을 결합한 「팀」제는 개개인보다 월등한 업무능력을 지니고 있으며 업무의 내용이 복합적이거나 판단능력·경험이 필요한 경우 더욱 돋보인다. 이 책은 다양한 사례를 중심으로 집단적인 작업생산, 개인적인 성장 그리고 고능률 업무수행을 위한 팀경영의 비결을 소개하고 있다.

21세기 기업

제이 R. 갤브레이스·에드워드 E. 롤러 3세 共著
朴秀圭 譯
〈신국판 / 410면 / 8,000원〉

이 책은 21세기의 시장환경에 적응하고 살아 남기 위한 조직구조를 체계적으로 고찰하고 있으며 역동적인 환경에 대처할 관리관행과 경영체계를 심도있게 분석하고 있다. 또한 저자들은 지식업무 및 관리팀, 기량 중심의 인적자원 시스템 구축, 스태프진 분산과 네트워크 구축 등의 새로운 조직창출 방법을 다양하게 구사하고 있다.

기업간·업종간 전략적 제휴

조셉 L. 배더러코 2세 著
韓榮煥 譯
〈신국판 / 264면 / 6,000원〉

지식이 국가와 기업의 경계를 넘어 급속히 이동하고 세계화됨에 따라 새로운 기술과 제품이 정신없이 쏟아져나오고 있다. 이제 어떤 사회도 필요한 모든 기술과 제품을 독자적으로 해결할 수는 없다. 이 책은 많은 회사들의 요새와 같던 담을 무너뜨리고 경쟁예상자와 손을 잡고 제품을 생산하고 기술과 능력을 개발하는 방법을 보여주고 있다.

결혼경제학

八代尙宏 著
李 均 譯
〈신국판 / 200면 / 4,500원〉

결혼과 그 주변문제에 대해 경제학적 측면에서 분석했다. 모든 결혼이 정신적·물질적 행복을 보장해 주는 것은 아니다. 남녀의 결합으로 성립되는 「가정주식회사」는 운영의 묘에 따라 번창하기도 하고 파국을 몰고오기도 한다. 결혼적령기 남녀, 결혼생활을 하고 있는 모든 사람들을 위한 필독서.

정보고속도로의 꿈과 악몽

대니얼 버스타인·데이비드 클라인 共著
김광전 譯
〈신국판 / 472면 / 9,500원〉

세계적인 컨설턴트 버스타인과 컴퓨터 잡지 〈와이어드〉의 객원편집위원인 클라인이 정보고속도로와 디지털이 꿈꾸는 미래의 이상과 그에 따른 문제들을 분석하고 해결책을 제시했다. 특히 정보산업의 발전과정에서 진행된 미국과 세계적인 기업의 사업전략, 그들간의 싸움을 흥미진진하게 엮고 있으며 디지털 혁명이 몰고올 사회변화까지 상세히 설명했다.

거꾸로 선 아버지 바로 세우기

레벤 바-레바브 著
김광전 譯
〈신국판 / 348면 / 8,000원〉

정신과 전문의인 저자가 현대 가정이 지닌 문제점과 자라나는 아이들이 겪는 여러 가지 비극과 그 대안들을 정신분석학적 방법으로 제시했다. 오늘날 우리 사회가 안고 있는 청소년 문제의 근원은 대부분 가정에 있으며 특히 아버지의 역할이 부족한데서 비롯된다고 보고 있다. 훌륭한 아버지의 역할과 훌륭한 아버지가 되는 실용적인 아이디어를 구체적으로 제시하고 있다.

여자의 육체 남자의 시선

장 클로드 코프만 著
김정은 譯
〈신국판 / 392면 / 8,500원〉

독창적이고 신중한 연구라는 평을 받은 파리 5대학 사회학자의 흥미롭고도 심도 있는 저서. 저자는 2년 동안 해변에서의 토플리스 연구를 통해 은밀하면서도 흥미로운 규칙을 발견한다. 형태, 나이, 문화, 해변의 상황에 따라 여자들은 각기 나름의 행동규칙을 준수하며 자신들에게 보내는 시선의 신호를 이해하여 몸의 자세로 또는 적당한 제스처로 그것에 응한다고 보고 있다.

안자(상·중·하)

미야기타니 마사미쓰 著
신봉승·김하중 譯
〈양장 / 4×6판 / 384면 내외 / 각권 6,500원〉

열국의 제후들이 대륙의 패권을 놓고 싸우는 춘추 시대를 배경으로 격동의 역사를 헤쳐나가는 명재상 안자의 일대기를 그리고 있다. 난세 속에서도 안자는 충(忠)과 의(義)를 지키며 정도(正道)만을 걷는다. 국가 경영의 참다운 모습, 인간관계의 원형을 보여주는 그의 독특한 철학을 통해 당시의 시대정신과 사회상을 조명한다.

大商(상·하)

정종명 장편소설
〈신국판 / 상권 348면, 하권 336면 / 각권 6,000원〉

간신 유자광에게 핍박받고 공신 박원종의 비호를 받으면서 혁신정치의 풍운아 조광조에게 도전했던 조선 제일의 巨商 서용근의 일대기를 그리고 있다. 천부적인 장사꾼 기질과 처세술로 조선의 상권을 한손에 거머쥐고 정치권과도 밀착, 정권을 좌지우지했던 서용근의 파란만장한 생애가 흥미진진하게 펼쳐진다. 가공인물 서용근이 보여주는 일련의 정치행각이 특히 흥미롭다.

주제별 經濟·經營 入門書!
EM文庫

35 企業財務의 知識
鄭鍾洛 著 〈195면 / 1,800원〉

36 金融政策 입문
權五哲 著 〈282면 / 2,300원〉

37 不動産 이야기〈改訂版〉
李源俊 著 〈292면 / 2,500원〉

38 金과 달러 이야기
安洪植 著 〈194면 / 1,800원〉

39 經營情報學 개론
申鉉吉 著 〈240면 / 2,100원〉

40 商品先物去來 실무
李玄烈 著 〈224면 / 2,000원〉

41 金融先物·옵션去來
金鍾郁 著 〈200면 / 1,800원〉

42 工業所有權 지식
鄭泰連 著 〈256면 / 2,300원〉

43 環境保全과 人間
李燦基·安泰爽 共著 〈186면 / 1,700원〉

44 韓國의 勞使問題
金秀坤 著 〈173면 / 1,700원〉

45 經濟協力 이야기
全哲煥 著 〈244면 / 2,200원〉

46 多國籍企業의 實體
鄭求鉉 著 〈216면 / 2,000원〉

47 經濟政策의 理解
金孝命 著 〈212면 / 2,100원〉

48 生產管理 입문
兪炳泰 著 〈240면 / 2,400원〉

49 中小企業 이야기
趙觀行 著 〈184면 / 1,800원〉

50 IMF·IBRD의 理解
柳志星 著 〈240면 / 2,400원〉

51 通貨의 常識
金仁基 著 〈185면 / 1,900원〉

52 年金의 理解
金聖在 著 〈171면 / 1,800원〉

53 原價와 原價管理
辛容伯 著 〈250면 / 2,500원〉

54 國際金融市場 개론
郭泰運 著 〈244면 / 2,500원〉

55 企業物流의 知識
林浩奎 著 〈230면 / 2,300원〉

56 技術開發의 知識
林陽澤 著 〈226면 / 2,300원〉

57 設備投資分析 입문
姜錫昊 著 〈197면 / 2,000원〉

58 알기쉬운 自動車保險〈改訂版〉
朴善七 著 〈206면 / 2,500원〉

59 事務自動化 이야기
趙東成 著 〈237면 / 2,400원〉

60 從業員持株制의 理解
安文宅 著 〈208면 / 2,100원〉

61 貿易政策 입문
李東鎬 著 〈210면 / 2,100원〉

62 流通販賣技法
安台鎬·韓一洙 共著 〈192면 / 2,000원〉

63 價格機構와 市場原理
趙東根 著 〈202면 / 2,000원〉

64 소프트웨어 入門
李疇憲 著 〈165면 / 1,700원〉

65 福祉國家 이야기
金日坤 著 〈192면 / 2,000원〉

66 物價의 理解
金文昱 著 〈312면 / 3,000원〉

67 어음·手票의 法律常識
崔基元 著 〈180면 / 1,800원〉

68 OECD와 韓國經濟
劉壬洙 著 〈200면 / 2,400원〉

69 國際競爭力 이야기
朱明建 著 〈146면 / 1,900원〉

70 韓國의 流通產業
安台鎬 著 〈222면 / 2,500원〉

71 市場調査分析 입문
朴基岸·丁雄夏 共著 〈168면 / 2,000원〉

72 統計와 그 活用
郭昌權 著 〈283면 / 3,000원〉

73 產業構造의 知識
李相鎬 著 〈200면 / 2,400원〉

74 資源經濟 입문
崔基鍊 著 〈208면 / 2,500원〉